婴幼儿托育服务与管理专业规划教材

U0958526

杨晓萍　李姗泽　总主编

托育机构运营与管理

主　编：田波琼
副主编：荣　霞　莫云娟　杨小利
杨柳玉　李玥婧　熊　钊
编　委：樊佳美　刘炼红　孙建华
张凤琴　方伊凝　贺　倩
杨雪宇　宋诗汉　王小菲

西南大学出版社
国家一级出版社　全国百佳图书出版单位

图书在版编目(CIP)数据

托育机构运营与管理 / 田波琼主编. -- 重庆 : 西南大学出版社, 2022.9
ISBN 978-7-5697-1415-9

Ⅰ. ①托… Ⅱ. ①田… Ⅲ. ①托儿所—运营管理—高等职业教育—教材 Ⅳ. ① G618

中国版本图书馆 CIP 数据核字(2022)第 156891 号

托育机构运营与管理

TUOYU JIGOU YUNYING YU GUANLI

主　编　田波琼

总 策 划: 杨　毅　杨景罡
执行策划: 钟小族　张燕妮
责任编辑: 张昊越
责任校对: 张　丽
装帧设计: 闰江文化
排　　版: 蒋　燕
出版发行: 西南大学出版社
重庆·北碚　　邮编: 400715
印　　刷: 重庆紫石东南印务有限公司
幅面尺寸: 185mm×260mm
印　　张: 13.5
字　　数: 260 千字
版　　次: 2022 年 9 月第 1 版
印　　次: 2025 年 1 月第 3 次印刷
书　　号: ISBN 978-7-5697-1415-9
定　　价: 55.00 元

本书如有印装质量问题, 请与我社市场营销部联系更换。
市场营销部电话: (023) 68868624　68367498

婴幼儿托育服务与管理专业规划教材

编委会

扫码获取本书教学资源

总序

0~3岁婴幼儿阶段是一个人生命中最快速发展的时期，亦是人生的重要奠基期。婴幼儿成长需要一个儿童友好社会，需要一个完整的社会教育架构，以保证每个家庭中的每一个孩子都能在其黄金三年得以健康成长。由此，架构一个完整的有利于婴幼儿健康成长的托育服务体系，并在高校培养相应的人才是中国教育体系刻不容缓的任务。

婴幼儿托育服务质量不仅关乎婴幼儿的健康成长，而且关乎人民群众的获得感、幸福感和安全感。近年来，国务院、教育部相继出台了一系列政策，对婴幼儿托育事业进行规划和布局。《中华人民共和国国民经济和社会发展第十四个五年规划和2035年远景目标纲要》中特别强调"发展普惠托育服务体系，健全支持婴幼儿照护服务和早期发展的政策体系"。2021年12月，国家发展改革委等部门联合印发了《"十四五"公共服务规划》，指出"着力构建多元化、多样化、覆盖城乡的婴幼儿照护服务体系，积极引导社会力量举办托育服务机构……依法逐步实行婴幼儿照护工作人员职业资格准入制度"。党的二十大报告中提出"群众在就业、教育、医疗、托育、养老、住房等方面面临不少难题；……我们已经采取一系列措施加以解决，今后必须加大工作力度"。

构建规范普惠的婴幼儿托育服务体系对于改善我国人口结构、积极应对人口老龄化、保持我国人力资源禀赋优势等方面具有重要意义。尽早研究、大力发展婴幼儿托育服务体系，建立健全相关的政策制度设计，是事关国家发展与安全、关乎国计民生的重要任务，这离不开大量高素质专业人才的支撑。目前，我国托育服务从业人员队伍建设主要存在数量不足、人员素质参差不齐、托育服务人才培养和培训体系尚未形成等短板，应拓宽培养培训渠道，着力建设一支品德高尚、富有爱心、敬业奉献、素质优良的托育服务人才队伍。

本套教材依据《职业教育专业目录(2021年)》，按照《托育机构设置标准(试行)》《托育机构管理规范(试行)》《托育机构保育指导大纲(试行)》等重要文件精神进行编写，涵盖了婴幼儿托育服务与管理专业主要基础课程和专业核心课程，共包含23本教材。在编写过程中我们力求创新，努力打造自己的优势和特色。

第一，充分体现医教融合，指向岗位实际需求。本套教材的编写团队由师范院校、医学院校和企业团队构成，积极促成高校、医院与早教机构联合开发应用型课程，共同聚焦“医教融合”托育服务新模式下的岗位核心能力，着力体现人才培养的前瞻性和适应性。

第二，结合工作流程制订项目学习任务，符合高职“三教”改革趋势。立足职业教育的类型特点和经济社会发展对技术技能型人才的需求，探索活页式新形态教材开发的思路和方法，是职业教育“三教”改革的重要内容。本套教材积极探索以提高实践能力为引领的人才培养流程，对接职业岗位标准，将工作任务转化为项目，将专业知识与技能转化为岗位能力，以项目为纽带、工作任务为载体、工作过程为导向，构建教材内容。融合学校和企业人员，共同编写理实一体、书证融通的工作手册式、活页式新形态教材。

第三，体现岗位能力要求，让学习者提前了解真实工作应用场景。本套教材以学习者发展为根本，以学习产出为导向，关注实践性教学内容，重视解决工作实际问题。在内容设计上，以典型工作任务、案例为载体组织教学单元。立足真实工作情景，采用大量真实案例及拓展阅读素材，帮助学习者在了解基本理论的前提下，更好地面对、解决工作中遇到的实际问题。

第四，配备丰富教学资源，视频展示实操技能。本套教材在设计上注重实操性，通过操作视频、题库、案例集等数字资源，为学习者创设真实详细的任务情境，增强学习过程的综合性、趣味性、挑战性，使学习者在主动建构、合作共研的过程中获得新知、提升经验。此外，编写团队还重视教材的实用性和灵活性，打造“纸质教材+数字化教材”协同互补的新形态教材体系，以期提高教学实效。

本套教材的顺利付梓得益于所有参编人员的辛劳付出和西南大学出版社的积极协调与沟通。在此向参与此次编写活动的全体人员表达我们的敬意。同时，教材写作难免有疏漏或不足之处，我们将在教材使用中进一步总结反思，不断修订完善，恳请各位同行不吝赐教。

李姗泽

前言

人生百年，立于幼学。近年来，作为惠民生的重要领域，托育受到了党中央、国务院的高度重视。我国约有 4200 万 0~3 岁的婴幼儿，1/3 有较强的照护服务需求，但实际入托率仅为 5.5% 左右。2019 年 4 月，《国务院办公厅关于促进 3 岁以下婴幼儿照护服务发展的指导意见》提出“充分调动社会力量的积极性，多种形式开展婴幼儿照护服务”。2021 年《“十四五”公共服务规划》明确提出到 2025 年，实现每千人口拥有 3 岁以下婴幼儿托位数达到 4.5 个。托育服务支持措施的推进实施，必将进一步增强人民群众生育和养育的获得感，对改善我国人口结构、应对人口老龄化产生积极影响。

0~3 岁是孩子发展的关键时期，守住安全健康底线非常关键。国家陆续出台《托育机构设置标准（试行）》《托育机构管理规范（试行）》《托育机构登记和备案办法（试行）》《托育机构保育指导大纲（试行）》《托育机构婴幼儿伤害预防指南（试行）》等配套政策文件，引导托育机构科学、规范、专业发展，成效初步显现。为了进一步促进托育机构的规范发展和良性运行，构建高质量的婴幼儿托育服务体系，促进婴幼儿健康成长，西南大学出版社特组织了高校、幼儿园和行业专家学者，编写了《托育机构运营与管理》。

《托育机构运营与管理》是面向学前教育高职高专托育相关专业的教材，包含了托育机构的运营与管理两个方面的内容，具有很强的操作性，以项目的方式导入，任务驱动，予以丰富的案例，详细介绍了托育机构运营与管理的流程与内容，为从事托育相关产业的培训、咨询、研发、营销、管理与经营等工作奠定技能基础；让学生树立科学的管理和经营理念，培养其责任意识和团队合作精神；让学生热爱托育事业，具有崇高的职业道德与行业操守。本书还可作为学前教育专业托育相关方向选修课教材，为管理者、从业人员提供科学指导。

本书由来自重庆师范大学、华东师范大学、云南师范大学、重庆幼儿师范高等专科学校、广西幼儿师范高等专科学校、重庆朗萌巴蜀教育集团、重庆市江北区玉带山幼儿园等长期从事幼儿教育理论与实践研究的幼教、早教工作者共同编写，是集体智慧的结晶，凝聚了编写人员的智慧与辛劳。其具体分工如下：由重庆师范大学田波琼副教授拟定本教材内容框架和负责统稿工作，项目一“托育机构运营管理概述”由田波琼、贺倩编写；项目二“托育机构的筹备策划”由荣霞、樊佳美编写；项目三“托育机构的筹建与设计”由李玥婧、贺倩编写；项目四“托育机构的师资建设及管理”由刘炼红、方伊凝编写；项目五“托育机构的课程与教育活动管理”由田波琼、杨柳玉、莫云娟编写；项目六“托育机构的卫生保健、膳食及安全管理”由杨小利编写；项目七“托育机构的营销与招生管理”由莫云娟编写；项目八“托育机构的其他事务管理”由孙建华、张凤琴编写。本书在编写过程中得到了重庆市幼教同行的大力支持，感谢重庆朗萌巴蜀教育集团熊钏、杨雪宇、宋诗汉等为本教材提供的案例，感谢贺倩在协助统稿过程中付出的辛勤劳动。本书得到了西南大学出版社的领导以及张燕妮副编审、西南大学教育学部杨晓萍教授和李姗泽教授等专家的大力支持。本书还参考、引用、借鉴了一些国内外学者的研究成果，在书中做了注明，在此表示感谢。如有遗漏之处，敬请见谅和指正。

由于时间和水平有限，书中遗漏及不足之处在所难免，恳请各位专家、学者及广大师生批评指正，我们将不断修正与完善。

编　者

2022 年 2 月

目录

项目一

托育机构运营管理概述

项目目标

1. 了解托育机构的概念、类型与基本构成要素。
2. 掌握托育机构运营与管理的含义与内容，原则与方法。
3. 培养学生热爱早教事业的情感和良好的职业操守。

学习重难点

学习重点：
掌握托育机构的类型与基本构成要素。
学习难点：
掌握托育机构运营与管理的原则与方法。

思维导图

- 托育机构运营管理概述
  - 托育机构概要
    - 托育与托育机构的含义
    - 托育机构的分类
    - 托育机构的功能
  - 托育机构的构成要素
    - 托育机构人员构成
    - 托育机构环境与设备
    - 保育服务与课程活动
  - 托育机构运营管理概述
    - 托育机构运营管理的含义与内容
      - 托育机构运营管理的含义
      - 托育机构运营管理的内容
        - 筹备策划
        - 筹建与设计
        - 师资建设与管理
        - 课程与教养活动管理
        - 卫生保健及安全管理
        - 营销与招生管理
        - 其他事务管理
    - 托育机构运营管理的原则与方法
      - 原则
        - 方向性
        - 民主性
        - 整体性
        - 协调性
        - 效益性
      - 方法
        - 行政方法
        - 经济方法
        - 法律方法
        - 教育方法

任务一
结合《婴幼儿成长的关键期》，分析托育机构的价值

任务描述

托育是托付别人代为照顾、养育，是由婴幼儿的法定监护人（婴幼儿的父母或直系亲属）托付他们之外的人员在特定时间对婴幼儿进行照顾、养育。托育机构是指在某行政区域内受行政监管，对 0 ～ 3 岁婴幼儿实施托育服务的专业机构。人生百年，立于幼学。3 岁以下婴幼儿照护服务是生命全周期服务管理的重要内容，事关婴幼儿健康成长，事关千家万户。托育能对婴幼儿进行科学的养育，能为家庭提供科学养育指导，无论是对婴幼儿自身还是对其家庭均有重要意义。

1. 小组讨论，完成工作表单 1。
2. 分析材料《婴幼儿成长的关键期》，完成工作表单 2。
3. 扫码阅读材料，进行小组讨论，完成工作表单 3。

工作表单

工作表单 1

小组讨论

2021 年 7 月 21 日，国家卫生健康委员会人口监测与家庭发展司司长杨文庄在国务院新闻办公室新闻发布会上提到，目前我国 0 ～ 3 岁婴幼儿约 4200 万人，其中三分之一有比较强烈的托育服务需求。但调查显示，我国 3 岁以下婴幼儿入托率仅为 5.5% 左右，能够提供婴幼儿托育服务的机构很少，供给和需求缺口还比较大。

我国人口结构问题愈发严重，第七次人口普查数据显示，我国 60 岁以上人口已达 2.64 亿，占总人口的 18.7%，我国人口将从轻度老龄化进入中度老龄化阶段。而我国在近几年，人口出生率持续下降，人口老龄化没有得到有效缓解，这为我国经济可持续健康发展带来了重大挑战。2016 年“全面二孩”的实施没有取得预期的良好效果，其中的重要原因之一是与人口政策相配套的托育服务政策的缺乏。 随着经济的发展与社会的进步，双职工家庭越来越多，“没时间照顾孩子”是他们生育子女面临的最大问题，兼顾家庭和就业是他们的两难问题。

根据上述材料进行小组讨论：托育服务的意义以及发展前景如何？

意义	前景

工作表单 2

材料：婴幼儿成长的关键期

0～3 岁是人生发展的初始阶段，也是个体发展最为迅速的时期和关键时期。“关键期”最初是由奥地利生态学家康拉德·洛伦兹（Konrad Lorenz，1937）提出来的。他发现小鸡、小鹅等，会在出生后很短的一段时间内学会追逐自己的同类或非同类，过了这段时间便再也不能学会此类行为或印刻自己的母亲，而这段时间是很短的，故称“关键期”。后来，心理学家将这类研究用于儿童早期发展的研究中，提出了儿童心理发展的关键期问题。研究表明，人类出生后学习的关键期有：6 个月是婴儿学习咀嚼的关键期；8 个月是分辨大小、多少的关键期；2～3 岁是学习口语的第一个关键期；2 岁半～3 岁是学习秩序和规矩的关键期；3 岁是计算能力发展的关键期。

请思考：

1. 婴幼儿在生理和心理两个方面的特点是什么？

2. 什么是“关键期”？该材料对婴幼儿托育有什么启发？托育机构应该怎么做？

工作表单 3

小组讨论

国务院办公厅关于促进 3 岁以下婴幼儿照护服务发展的指导意见

国家发布托育政策后，网友众说纷纭。（扫码查看）

网友 A：这个对女性蛮好的，不然又要工作又要带孩子，哪忙得过来？我可不想做全职妈妈，一个人在家带孩子真的会抑郁。

网友 B：生了孩子自己不照顾，送去托育机构，还不如不生。

网友 C：将孩子送进托育机构挺好的，我和孩子爸爸都要上班，根本没时间照看。家里老人身体也不好，他们对科学育儿也不懂，还是那老一套的带法。将孩子送进托育机构也不错，他们那里有专业人员，还有其他小朋友，大家一起玩也有个伴。

网友 D：将那么小的孩子送进托育机构，太残忍了，孩子跟父母都不亲了。

小组讨论：关于以上网友的说法，你怎么看？谈谈你对将孩子送进托育机构的看法。

利	弊

学习支持

托育机构概要

（一）托育与托育机构的含义

托育是托付别人代为照顾、养育，是由婴幼儿的法定监护人（婴幼儿的父母或直系亲属）托付他们之外的人员在特定时间对婴幼儿进行照顾、养育。托育服务指因环境造成家庭正常照顾婴幼儿功能不足，婴幼儿必须于每天一段时间离开父母及家庭的照顾，这段时间需要有组织化的服务，以补充父母的家庭照顾。托育服务是在家庭照顾功能不足时的一种补充性服务。托育机构就是指经有关部门登记、卫生健康部门备案，为 3 岁以下婴幼儿提供全日托、半日托、计时托、临时托等托育服务的专业机构。

（二）托育机构的分类

托育机构类型很多，主要有托儿所、育儿园、保育园、儿童之家、日托中心、临时托管点等托管型托育机构，也有亲子园、亲子中心、早教中心等亲子型托育机构，还有托管与亲子综合服务型托育机构。根据服务时间长短可将这些托育机构大体分为三类：提供全托管服务的全日制托育机构；提供半托管服务的半日制托育机构；提供亲子活动、课程的计时制托育机构。①

---

① 本书编写组.0—3 岁婴幼儿托育机构实用指南[M].南京：江苏凤凰教育出版社，2019：3

根据举办的主体可以分为公办托育机构、民办托育机构和社会力量托育机构。

（三）托育机构的功能

与其他动物相比，人类的孩子都属于早产儿，即使是经过“怀胎十月”生下的孩子。小马出生没多久就开始小跑步，小猫出生几周就能自行觅食，而人类刚出生的孩子尚未发育完全，只能被成人小心翼翼地呵护养育。所以婴幼儿更多的发育都是在离开母体之后进行的。相比其他动物而言，能够用教育和社会化的方式让他们改变。① 而婴幼儿的养育和照护是一个涉及教育学、心理学、脑科学、营养学等多门学科的重大事情，需要专业人员的科学指导与帮助以做到优养优育。因此，提供婴幼儿托育服务的机构，应具有以下功能：

第一，提供科学的教养和照护服务，为婴幼儿健康成长奠定基础。一方面，托育机构为婴幼儿提供专业规范、安全健康的照护服务，设置适宜的生活环境，为婴幼儿提供符合其生理心理需求、生长发育特点的活动、膳食、清洁卫生等服务，对婴幼儿进行全日饮食、睡眠等生活健康观察，做好日常照护记录，必要时向监护人反馈。这些科学的保育服务为婴幼儿身心健康提供了保障。另一方面，婴幼儿出生的前三年是大脑发育的关键时期，而大脑机能与环境刺激的丰富程度密切相关。托育机构遵循婴幼儿的生理、心理和认知发展规律，以游戏为主要形式安排丰富的活动，充分尊重个体差异，寓教于乐，促进婴幼儿认知发展。

第二，为家庭提供托育服务和科学的育儿指导，解决家庭育儿的后顾之忧。目前我国家庭的婴幼儿主要是父母和祖辈照顾为主，并以隔代抚养居多。研究表明，相比祖父母的隔代抚养，婴幼儿接受系统的早期照料和教育对其一生的发展有极大的促进作用。② 托育机构通过为家庭提供半日制和全日制托育服务，为家庭减轻照护负担；组织亲子课程活动、入户指导、家长课堂以及利用互联网等信息化手段，为家长提供科学的育儿指导。

第三，配合相关部门工作，满足人民群众对婴幼儿照护服务的需求，促进社会经济发展。首先，托育机构配合卫生健康部门做好疾病预防控制、婴幼儿健康管理等工作。其次，解放了妇女，为社会提供劳动力。再次，以需求和问题为导向，推进供给侧结构性改革，多种形式开展婴幼儿照护服务，

---

① 尤瓦尔·赫拉利．人类简史：从动物到上帝[M]．林俊宏，译．北京：中信出版社，2014：10

② 畅红琴等．我国农村地区儿童早期照料与教育的供给及选择[J]．学前教育研究，2017（3）：3-13

逐步满足人民群众对婴幼儿照护服务的需求，促进家庭和谐幸福，推动社会经济持续发展。

推荐阅读

（1）琳恩·默里．婴幼儿心理学 [M]. 张安也，译．北京：北京科学技术出版社，2020.

（2）李雨霏，马文舒，王玲艳．1949 年以来中国 0—3 岁托育机构发展变迁论析 [J]. 教育发展研究，2019，39(24)：68-74.

任务评价

（1）请思考托育机构与家庭是否应合作，以促进婴幼儿更好地成长。

（2）请你对本次任务进行评价。

学习评价表

主题	内容	优秀	良好	一般	较差	很差
学习态度	能准时参加全部课程，按时提交作业，及时查阅教师上传的学习材料	5	4	3	2	1
专业知识	了解托育机构的含义、分类和功能，明白托育机构的价值所在	5	4	3	2	1
研讨精神	积极参与讨论，对其他人的发言能提出合理的分析和见解	5	4	3	2	1
团队协作	能很好地融入课堂小组讨论，共同推进学习进程	5	4	3	2	1
沟通交流	能够清晰准确地表达自己的观点，与他人交流时态度语气恰当	5	4	3	2	1
人文素养	能够关注生理学人文知识，有意识地树立职业精神	5	4	3	2	1
信息素养	会检索常用的管理学专业文献数据库，主动阅读管理学文献	5	4	3	2	1
实践应用	能够运用所学内容分析托育机构的功能与价值	5	4	3	2	1
自我小结						

任务二

观看视频，讨论托育机构基本的构成要素

任务描述

尽管托育机构类型多样，但都应包括环境、人员构成、保育服务与教育课程等基本要素。如今0～3岁婴幼儿的照料已经由“家事”变成了“国事”，托育机构作为婴幼儿所处的与其关系最密切的生活场所，对婴幼儿发展有着最直接的影响。托育机构作为一个社会组织，由环境、物质设施和人员、各种形式的生活活动和教育活动构成，发挥着教养等社会功能。

1. 查阅资料，小组讨论，完成工作表单1。
2. 扫码查看视频，完成工作表单2。

工作表单

工作表单1

小组讨论

瑞士心理学家皮亚杰说学习是幼儿与环境相互作用的结果。可见，托育机构环境具有重要的教育意义。当家长带着孩子进入托育机构，最先看到的、体验到的就是环境。小组讨论托育机构的环境包括哪些，具有什么特点？

内容	特点

工作表单2

小组讨论

托育机构的活动

扫码观看视频《托育机构的活动》，讨论托育机构需要哪些工作人员？他们的职责分别是什么？

人员	职责

学习支持

托育机构的构成要素

（一）托育机构的人员构成

1. 托育机构人员

根据场地条件以及收托婴幼儿规模，托育机构对综合管理、保育照护、卫生保健、安全保卫和后勤保障等工作人员进行合理配置。管理岗主要是托育机构负责人，主要负责机构的运营与管理等工作。保教岗主要就是教师和保育人员。教师主要负责课程设计和游戏活动的组织等；保育人员主要负责婴幼儿日常生活照料等。后勤岗主要包括保健人员、保安人员、炊事员等。保健人员负责婴幼儿的健康管理，并协助保育人员开展活动，应当经过妇幼保健机构组织的卫生保健专业知识培训并合格。保安人员应当取得公安机关颁发的《保安员证》，并由获得公安机关颁发的《保安服务许可证》的保安公司派驻。炊事员主要负责婴幼儿食物的烹饪和厨房事务等。

2. 婴幼儿及其家长

0～3岁的婴幼儿是托育机构的服务对象，是托育机构的主体。这一时期的婴幼儿在身体发育方面，各个器官的组织结构和功能不断分化，身体发育和动作技能发展非常迅速，但仍然很柔弱。婴幼儿脑神经纤维发育快速，脑的发育日渐加快，对外界环境的刺激非常敏感。认知方面，婴幼儿感知觉最先发展且发展速度最快，在其认知活动中占主导地位。婴幼儿注意发展表现为注意选择性的发展，且更偏爱更加复杂和有意义的视觉对象。[①] 胎儿在妊娠末期就有（听觉）记忆和学习能力，在出生后有再认记忆和学习能力，以直觉行动思维为主，使用符号的能力和问题解决能力在出生后的第二年迅速发

① 林崇德．发展心理学[M]．北京：人民教育出版社，2006：147

展起来；理解能力和语言表达能力也发展迅速。在情绪和社会性方面，婴幼儿情绪由初级的情绪如哭和笑逐渐向羞愧、自豪等高级情绪发展。他们还对父母和照看者产生了依恋，自我意识开始发展，与同伴交往的兴趣增强。因此，托育机构应根据婴幼儿身心发展特点和规律，做科学保教。

此外，除了婴幼儿外，托育机构的服务对象还包括家长。父母是孩子的第一任老师，家庭是孩子的第一所学校。我们应该高度重视家庭在婴幼儿照料当中的主体地位与责任，托育机构对家庭育儿起着补充和指导作用，引导和帮助家庭科学育儿。

（二）托育机构的环境与设备

托育机构的环境和设备是婴幼儿生活、游戏、学习的场所和保障，也是成人对其照料和教养的重要资源。托育机构首先必须是一个适宜生活的场所。优美的自然环境、适当的自然采光、相对较低的噪声、清新宜人的空气是对托育机构生活环境的基本要求。① 托育机构需要建设符合标准的教养活动环境，包括婴幼儿活动区域，如用餐区、睡眠区、游戏区、盥洗区、储物区等。收托 2 岁以下婴幼儿的机构应当设置符合有关规定的母婴室、配乳区等。可根据需要，设置服务管理用房（保健室、办公室、安保室等）和后勤保障用房（厨房、库房、消毒房等）。有条件的机构还应为婴幼儿提供安全的户外活动环境。托育机构还需要配备健康环保的家具、用具、玩具、图书和游戏材料等。此外，机构还应营造平等尊重、温馨的心理环境。

（三）托育机构的保育服务与课程活动

保育服务与课程活动是托育机构的核心和灵魂。托育的核心在于“育”，保育工作应当遵循婴幼儿发展的年龄特点与个体差异，通过多种途径促进婴幼儿身体发育和心理发展。保育重点应当包括营养与喂养、睡眠、生活与卫生习惯、动作、语言、认知、情感与社会性等。托育机构本质上是以婴幼儿的生活照护和启蒙发展为主，在对婴幼儿进行科学照料和卫生保健的基础上，促进婴幼儿身体动作、语言、认知、情感与社会性的发展。

目前，托育机构没有统一的课程体系。② 我国托育机构大多以加德纳的多元智能理论、戈尔曼的情绪智能理论、蒙台梭利的感统理论、奥尔夫音乐教育理论等作为课程的理论基础，③ 有些机构主打某单一理论，而有些机构将众多理论有机组合，融会贯通，开发出一系列托育课程。其内容主要涵盖婴

① 参考：詹莎莉 . 对早教机构室内环境创设的研究 [D]. 青岛：青岛大学，2017

② 马婷 . 活教育视野下托育机构课程的对比研究 [D]. 上海：华东师范大学，2020

③ 参考：刘婷 .0—3 岁早期教育机构课程设置的个案研究 [D]. 武汉：华中师范大学，2017

幼儿动作、语言、认知、艺术、情感与社会等方面，[1] 具体有脑潜能开发、英语、感统、生活技能、艺术课、蒙氏、音乐和科学课程等。[2]

推荐阅读

（1）国家卫生健康委关于印发托育机构保育指导大纲（试行）的通知 [Z]. 国卫人口发〔2021〕2 号，2021-01-12.

（2）国家卫生健康委关于印发托育机构设置标准（试行）和托育机构管理规范（试行）的通知 [Z]. 国卫人口发〔2019〕58 号，2019-10-08.

任务评价

（1）通过这次的学习，你对托育机构是否有了更深的认识？

（2）请你对本次任务进行评价。

学习评价表

主题	内容	优秀	良好	一般	较差	很差
学习态度	能准时参加全部课程，按时提交作业，及时查阅教师上传的学习材料	5	4	3	2	1
专业知识	了解托育机构的构成要素：人员构成、环境和设备、保育服务和课程活动	5	4	3	2	1
研讨精神	积极参与讨论，对其他人的发言能提出合理的分析和见解	5	4	3	2	1
团队协作	能很好地融入课堂小组讨论，共同推进学习进程	5	4	3	2	1
沟通交流	能够清晰准确地表达自己的观点，与他人交流时态度语气恰当	5	4	3	2	1
人文素养	能够关注管理学人文知识，有意识地树立职业精神	5	4	3	2	1
信息素养	会检索常用的管理学专业文献数据库，主动阅读管理学文献	5	4	3	2	1
实践应用	能够运用所学内容，对一个完整的托育机构有整体的框架认识	5	4	3	2	1
自我小结						

① 参考：田甜．郑州市 0—3 岁早教机构发展现状的调查研究 [D]. 开封：河南大学，2012

② 参考：石姣．家长早教需求及市场供给研究——以沈阳市为例 [D]. 沈阳：沈阳师范大学，2018

任务三

观看大头爸爸托育，
讨论托育机构运营与管理的原则与方法

任务描述

托育机构运营管理是指对托育机构运营中所需要的人力、物力和财力等各种资源进行计划、组织、领导、控制，以有效地实现管理目标。托育机构负责人在举办和管理机构时应该遵守方向性、民主性、整体性、协调性、效益性原则，在运营管理中采用行政方法、经济方法、法律方法和教育方法等，以促进托育机构健康发展。

1. 小组讨论，完成工作表单 1。
2. 扫描二维码，完成工作表单 2。

工作表单

工作表单 1

小组讨论

近年来，随着托育市场需求的扩大，越来越多的人想开一家托育机构。然而要开一家托育机构并非简单之事，从托育机构的选址规划到运营管理，都需要深思熟虑。小组讨论，如果你是举办者，需要从哪些方面来运营管理你的机构？

托育机构运营管理涉及哪些方面？

工作表单 2

案例分析

托育机构在赢得市场份额的同时，也面临着激烈的市场竞争。作为机构的管理者，想在托育市场赢得市场优势，就需要清楚运营管理的理念、原则

和方法。扫描二维码，观看视频和资料，小组讨论：托育机构运营管理需要什么理念、原则和方法？

任立访谈

任立的创业故事

1. 理念：

2. 原则：

3. 方法：

学习支持

托育机构运营管理概述

（一）托育机构运营管理的含义与内容

1. 托育机构运营管理的含义

运营管理是现代企业管理科学中的重要分支，整个过程包含活动计划、组织实施、过程控制及与其生产和服务创造密切联系的管理工作多个方面。①目前运用较为广泛的运营管理定义为：在一定的环境条件下，管理者对组织运营中所需要的人力、物力和财力等各种资源进行计划、组织、领导、控制，以有效地实现组织目标的过程。②

托育机构运营管理：管理者遵照一定的原则，对托育机构运营中所需要的人力、物力和财力等各种资源进行计划、组织、领导、控制，以有效地实现管理目标，促进婴幼儿身心和谐发展，满足家长需求。其内涵主要包括四个方面：

第一，运营管理是有目标的活动。目标为运营管理指明了方向，是运营管理活动的出发点和归宿。托育机构运营管理是为家长提供育儿服务，以满足家长需求，促进婴幼儿身心和谐发展。

第二，运营管理是对资源合理地配置与利用。托育机构运营管理的对象和要素是人、财、物、时间、空间、信息等多方面。人是运营管理的核心要素，所有的运营管理活动都是通过人与人、人与物关系来实现的。

① 季建华．运营管理［M］．上海：格致出版社，2010：389-390

② 李舒羽．昆明市营利性养老机构运营管理体系优化研究［D］．昆明：云南师范大学，2020

第三，运营管理具有基本的职能。托育机构通过计划、组织、领导、控制等管理职能实现对人、财、物等资源的优化配置，使其发挥最大的效能。

第四，运营管理具有科学的管理体制。托育机构管理效能的提升需要打造一批高素质的管理队伍，营造民主的管理文化环境，制定科学的管理制度。

总之，托育机构通过计划、组织、领导、控制等职能对特定资源进行合理有效的配置与利用，实现教育服务目标。托育机构运营管理的效能直接关系到托育机构的质量和婴幼儿发展的水平。因此，托育机构需要科学合理的运营管理。

2．托育机构运营管理的内容

托育机构营运管理的内容宽泛，涉及人、财、物诸多方面。综合各个方面以及实际情况，总结出托育机构的运营管理主要包括以下几个方面：

（1）筹备策划。

托育机构的筹备策划是托育机构运营管理的首要环节，充分的筹备和精心的策划是托育机构成功运营的重要保障，直接关系到托育机构的生存和发展。因此，托育机构的筹备策划必须从运营环境、市场定位、托育服务的市场调研与需求预测入手。托育机构的发展受宏观和微观环境的影响。宏观环境对托育机构的生存和发展产生间接影响，主要包括社会文化、政治法律、经济、人口、科技和自然环境等因素，微观环境对其产生直接影响，主要包括顾客、竞争者等。对市场环境的分析要从 SWOT 机会、威胁、优势、弱势等四个方面进行综合考量。市场定位主要有避让定位、插入定位、取代定位、比附定位、细分定位等策略。市场调研主要围绕家长对托育的方式、内容及价格等方面的态度进行。

（2）筹建与设计。

0 ～ 3 岁是婴幼儿大脑和身体发育的关键时期，托育机构环境的选择及设计将对其身心健康发展产生重要影响。因此，托育机构的筹建和设计应充分考虑到婴幼儿身心发展需求。首先，举办者要科学合理选址和设计，房屋建筑要符合国家相关要求，还应注意选择安全卫生的周边环境，保证婴幼儿的生命安全。其次是对托育机构从观念、行动和视觉几个方面进行形象设计。再次，托育机构房屋如生活活动室、服务管理用房、供给用房等的规划和设计应该满足《托儿所、幼儿园建筑设计规范》（JGJ39—2016）中托儿所的相应规定。最后，托育机构的硬件设施与玩教具配备要符合要求，满足婴幼儿发展的需要。硬件设施分为室内和室外两类。室内硬件设施主要有家具、电器和器械等，婴幼儿在室内活动时间很多，室内硬件设施的高度、类型均应适合婴幼儿使用，家具等色彩应与环境协调，为婴幼儿营造一个安全、舒适、温馨友好的环境。托育机构中配备的玩教具对婴幼儿发展影响很大，因此，托育机构应根据婴幼儿的年龄特点、发展需求配置合乎安全标准、数量充足、种类丰富的玩教具，满足婴幼儿游戏及各项活动的需要。

（3）师资建设与管理。

良好的环境和硬件设施为托育机构提升服务质量提供了物质保障，而托育机构的人员、组织架构与管理，如教师、育婴师、保育员的资质，教育理念、团队职业道德修养与专业素养是影响托育机构服务质量的关键因素。因此，托育机构的人员配置、师资建设与管理是托育机构运营管理的重要内容。首先，合理的部门设置、人员架构以及明确的岗位职责是托育机构顺利运转和发挥协同作用的重要保证。一般而言，根据需求，托育机构主要设置了管理岗（园长）、保教岗（教师、保育员）、后勤保障岗（保健员、会计、炊事员、保安等）几类，每个岗位根据实际情况确定人员的资质、数量和职责。其次，托育机构师资管理主要涉及教师招聘、培训和考核三个方面。在招聘中，托育机构应从工作态度、任职资格和综合素质与专业技能等方面对应聘者进行考核，合格者方能入职。托育机构还要对新入职者进行岗前培训，定期对在职员工进行职后培训。此外，托育机构还应从考核主体、考核的内容及标准、考核的程序与方法等方面建立科学合理的师资考核制度。

（4）课程与教养活动管理。

科学合理的课程设置和教养活动管理是托育机构提升照护和教养活动质量的重要保障。因此，托育机构应该以婴幼儿身心发展特点为依据，选择适宜的课程模式，构建科学的课程体系，帮助婴幼儿在身体、情感、社会性和认知等方面获得充分发展。目前托育机构没有统一的课程标准，其形式通常包括托班课程和亲子课程。托育机构教养活动的时间比较灵活，主要有全日制、半日制以及计时制，2 岁左右的孩子正处于秩序敏感期，因此，无论是哪种形式，都应该做好有规律和稳定有序的作息和活动安排，帮助婴幼儿形成稳定的秩序意识，养成良好的生活习惯，促进其身体和社会性发展。

（5）卫生保健及安全管理。

孩子的健康安全关系到千家万户的幸福，0 ～ 3 岁的婴幼儿身体虽然发展迅速，但是其身体机能发育不完善，身体柔弱，需要成人精心照顾，因此，托育机构的卫生保健及安全管理尤为重要。2010 年卫生部、教育部联合印发《托儿所幼儿园卫生保健管理办法》，2012 年卫生部印发《托儿所幼儿园卫生保健工作规范》，要求加强托儿所、幼儿园卫生保健工作，切实提高托育机构卫生保健工作质量。托育机构应根据国家卫生保健和安全管理的要求，建立严格的卫生保健制度，配备卫生保健相关设施，确保机构卫生保健人员的专业资质，规范保教人员的卫生保健操作流程，为婴幼儿创造良好的生活环境，预防控制传染病，降低常见病的发病率，保障婴幼儿身心健康。同时，机构还应对婴幼儿的膳食进行科学合理的管理。首先是膳食管理，包括婴幼儿食品的采购、运输、存放、加工烹饪，以及清洁卫生等管理。其次是制定科学合理的膳食计划，以及根据婴幼儿身体发育的需要，注意营养的搭配和均衡。最后是注重膳食卫生，如炊事员的个人卫生，以及食具的卫生和消毒，等等。0～3岁的婴幼儿生活自理能力弱，科学喂养非常重要，主要涉及纯母乳喂养、配方奶喂养、混合喂养以及辅食喂养等问题。

0～3岁的婴幼儿既没有安全防范意识，又没有自我保护的逃生能力，需要成人的保护。因此保护孩子生命安全是托育机构的首要工作，主要涉及常规的安全管理和意外事故的预防与处理。常规安全管理主要涉及安保、消防等室内外安全防护设计，安全责任制度、预警制度和消防演练制度，以及在托育机构一日活动中的安全管理。意外伤害主要是窒息、触电、创伤、骨折、烧（烫）伤、吸食异物、虫蜇伤，不可抗拒的地震、泥石流等自然灾害，以及外力入托对孩子的伤害。

（6）营销与招生管理。

市场营销管理是企业管理中最重要的管理活动之一，由于家长的需求多元化，托育机构必须以市场需要为导向，注重营销管理和招生策略。首先，托育机构应从品牌战略意识的树立、品牌核心价值的提炼、课程内容的个性化和创新、师资队伍建设、内外环境的打造、品牌的宣传、品牌产业的延伸等方面出发，密切关注市场要素的变化，实时调整营销思路以适应行业竞争。托育机构的营销策略主要有产品策略、价格策略、渠道策略、促销策略、公关策略等。招生管理对托育机构的意义重大，关系到机构的生存和发展。招生管理主要涉及电话咨询、现场报名以及会员报名等管理。

（7）其他事务管理。

托育机构工作烦琐复杂，除了上述的事务以外，还包括以下事务。一是家长工作，托育机构家长工作的内容可以从不同的角度来划分，其要求也不一样。按照家长工作的目的来划分，可以分为家长督导和评价托育机构保教活动的工作、教师对家长家庭教养进行指导的工作、家长参与托育机构活动的工作；根据家长的年龄可以分为祖辈家长工作和亲辈家长工作。家长工作的形式主要有家长会、亲子活动、家访与约谈、家长QQ或微信群、家园联系栏、微信公众号等。托育机构教师与家长要建立平等合作的关系，做到平等性与主导性结合，经常性与及时性结合，专业性与情感性结合。①

二是托育机构的物品管理，需要制定专门的物品管理制度，责任落实到

① 左志宏.幼儿园班级管理[M].上海：华东师范大学出版社，2015：13

个人。制定托育机构物品登记表和托育机构物品变损清单，作为日后物品清点和检查的依据。物品分类放置，保持清洁卫生，定期消毒，摆放的位置和高度要方便婴幼儿拿取。与此同时，托育机构应为每个家长和婴幼儿提供存放私人物品的专属位置。

三是财务管理方面，托育机构应制定公开透明的财务管理制度，收费统一规范；制定科学合理的预算和决算制度，并做好财务管理的监督工作。

四是托育机构的文案管理，包含教师的教学活动设计、保教反思、婴幼儿个案记录与分析、婴幼儿能力测评和观察记录等。这些文案应分类保管，清晰规范，便于查看。

五是托育机构的信息管理，主要包括每个婴幼儿及其家庭的相关信息，托育机构内部的活动信息，如幼儿表现、活动信息和活动日志等。托育机构相关人员一方面通过多种途径收集全面、有效的信息，另一方面要对这些信息进行整理、归类以便查阅。机构对婴幼儿和家长的隐私要做好保密工作。

（二）托育机构运营管理的原则与方法

1. 托育机构运营管理的原则

托育机构的运营管理是一种具有专业性的教育和保育管理，也是一种动态的组织活动过程。但是鉴于 0 ～ 3 岁婴幼儿身心发展的特殊性，托育机构管理承担了婴幼儿保育和教育相结合的任务，具有生活性与教育性、琐碎性与规律性、服务型和科学性相结合的特点。尽管托育机构的类型不同，课程特色和发展方向或目标都不一样，但托育机构应该把促进 0 ～ 3 岁婴幼儿身心健康发展放在首位，而不是以单纯的营利为目的。因此，托育机构的运营管理应以婴幼儿发展为旨意，与家庭需求、机构运作、国家和社会对托育行业的要求相结合，树立以婴幼儿为本、保教结合、需求导向、科学全面的运营管理理念，遵循“方向性”“民主性”“整体性”“协调性”“效益性”的运营管理原则，[①] 促进机构的持续健康发展。

（1）方向性原则。

托育机构应该以习近平新时代中国特色社会主义思想为指导，明确执行《国务院办公厅关于促进 3 岁以下婴幼儿照护服务发展的指导意见》等国家的方针和政策，运营管理工作应该以教育效益和社会效益为根本，不以追求单纯的市场经济利益为目的，按照儿童优先的原则，最大限度地保护婴幼儿，确保婴幼儿的安全和健康。遵循婴幼儿成长特点和规律，促进婴幼儿在身体机能、动作、语言、认知、情感与社会性等方面的全面发展，满足家长对婴

---

① 本书编写组 .0—3 岁婴幼儿托育机构实用指南 [M]. 南京：江苏凤凰教育出版社，2019：52-53

幼儿照护和教养服务的需求，促进广大家庭和谐幸福，经济社会持续发展。

（2）民主性原则。

托育机构运营管理的民主性原则主要体现在三个方面：一是要营造民主的氛围，尊重全体职工的民主权利，按其所能，引导其参与托育机构的运营管理工作，以调动其关心、参与托育机构发展的积极性；二是处理好管理者与保教人员的关系，发挥管理的激励机制，调动机构各类人员的积极性，以较好地实现管理目标；三是要认真听取员工、家长的意见和建议，优化机构的运营管理，不断地提升机构服务和教养照护质量。

（3）整体性原则。

托育机构运营管理的整体性原则主要体现在三个方面：一是机构的运营管理应指向全体婴幼儿的共同发展；二是要用系统的思维综合考虑托育机构管理中所涉及的人、财、物、时间、空间、信息等各要素之间的相互关系，实现托育机构“以婴幼儿为本、保教结合、需求导向、科学全面”的理念；三是机构要面向多元群体进行整体性管理，处理好 0 ～ 3 岁的婴幼儿、家长、保教人员、机构举办者（管理者）、社区人员以及市场各利益相关者间的关系，发挥更大的管理效能，促进机构良性发展。

（4）协调性原则。

托育机构运营管理的协调性原则是指托育机构运营管理要注重与社会的联系，要通过内外的协调，充分利用有利条件，不断提高保教工作质量和管理水平。首先，托育机构作为一个社会组织，要处理好各类人员及各项工作之间的关系，使管理有秩序地开展，不断提高保教质量。其次，托育机构要处理好与相关管理部门、社区及家长的关系。如对教育方针政策和有关法令、管理条例、规章等要及时准确地了解，并结合机构实际贯彻执行。机构还应与社区、家庭等形成良好的互动机制，如社会公益活动开放机制、社区合作机制、家园（机构）伙伴协作机制等，对外树立起机构良好的形象，也为机构的良性发展创造机会。

（5）效益性原则。

我国目前的托育机构按照举办者的性质分为公办和民办两种，民办占比较大，弥补了公办托育服务供给的不足。托育机构运营管理的效益性原则主要体现在两个方面：一方面，托育机构应该注意人、财、物等方面的合理投入，在保证机构教养质量的前提下，做到经济利益最大化，为机构正常运转和可持续发展提供坚实的物质保障；另一方面，不管托育机构是公办性质还是民办性质，都必须坚持教育的公益性，在追求经济效益的同时，要注重社会效益。机构要遵循婴幼儿身心发展规律，促进其全面发展。此外，机构还要明确自身的社会责任和担当，提升保教质量，引领和指导家庭科学育儿，为周边社区的家庭提供良好的教养和指导服务，创造理想的社会效益，促进我国托育事业的健康发展。

2. 托育机构运营管理的方法

托育机构运营管理方法是为实现管理目的而运用的手段、方式、途径和程序等的总称，最常用的是行政方法、经济方法、法律方法和教育方法。①

（1）行政方法。

托育机构运营管理的行政方法是托育机构通过行政命令、指标、规定等手段，直接对机构员工产生影响的管理手段。行政方法的管理有利于管理系统的集中统一，避免各行其是，利于管理职能的发挥，强化管理作用。首先，行政方法的管理效果直接受到组织领导水平的制约，因此，管理者应具备先进的管理理念、良好的道德品质和心理素质、扎实的专业知识与管理知识，以及良好的决策能力、组织协调能力和沟通能力。其次，管理者应构建好托育机构的管理组织机构，制定有效的规章制度和规范的岗位制度，提升管理的有效性。再次，管理者应不滥用职权，了解下情，听取民意，并接受来自各方面的监督。

（2）经济方法。

托育机构运营管理的经济方法是托育机构管理者运用各种经济手段，调动机构员工的积极性，对其行动进行管理的方法。首先，机构应制定公平合理的奖惩制度，全面兼顾，奖惩结合；其次是克服平均主义，建立公平合理的按劳分配制度；最后，注意经济方法和精神鼓励等教育方法相结合，从外部奖赏和内部动机着手，充分调动机构员工的积极性和主动性。

（3）法律方法。

托育机构运营管理的法律方法是托育机构管理者根据国家制定的各种相关法律法规和托育方针政策，对机构工作进行规范管理。首先，托育机构的管理者以及员工都要了解儿童的相关法律法规和政策，如《儿童权利公约》《中华人民共和国未成年人保护法》《国务院办公厅关于促进3岁以下婴幼儿照护服务发展的指导意见》等，在托育服务管理实践中将婴幼儿全面健康发展放在首位，真正做到“以婴幼儿为本”。其次是运用好法律手段，保障机构员工以及机构的合法权益。

（4）教育方法。

托育机构运营管理的教育方法是托育机构管理者用高尚的思想道德，正

① 马仁杰，王荣科，左雪梅，等. 管理学原理[M]. 北京：人民邮电出版社，2013：22

确的世界观、人生观、价值观教育、动员机构员工，以提升其思想政治觉悟，培养他们良好的职业道德和高尚的情操，激发其持久的工作热情，从而保证机构工作任务顺利完成。首先，教育方法应该贯穿机构运营管理的全过程。思想教育要真正产生作用，需长期坚持，以理服人，以情动人。其次，教育方法并没有行政方法和法律方法的强制性，也没有经济方法的诱导力，员工的思想还会受到各种因素影响，应与其他管理方法结合应用。最后，机构管理者还应该言传身教、以身作则，为员工树立好榜样。

推荐阅读

（1）温泉．如何开家早教机构 [M]. 北京：化学工业出版社，2016.

（2）国家卫生健康委关于印发托育机构保育指导大纲（试行）的通知 [Z]. 国卫人口发〔2021〕2 号，2021-01-12.

任务评价

（1）学习完本节课，假设要开办一家托育机构，你打算如何做好运营管理？

（2）请你对本次任务进行评价。

学习评价表

主题	内容	优秀	良好	一般	较差	很差
学习态度	能准时参加全部课程，按时提交作业，及时查阅教师上传的学习材料	5	4	3	2	1
专业知识	了解托育机构运营管理的含义与内容、原则与方法	5	4	3	2	1
研讨精神	积极参与讨论，对其他人的发言能提出合理的分析和见解	5	4	3	2	1
团队协作	能很好地融入课堂小组讨论，共同推进学习进程	5	4	3	2	1
沟通交流	能够清晰准确地表达自己的观点，与他人交流时态度语气恰当	5	4	3	2	1
人文素养	能够关注管理学人文知识，有意识地树立职业精神	5	4	3	2	1
信息素养	会检索常用的管理学专业文献数据库，主动阅读管理学文献	5	4	3	2	1
实践应用	能够运用所学内容，初步规划托育机构的运营与管理	5	4	3	2	1
自我小结						

项目二

托育机构的筹备策划

项目目标

1. 了解 SWOT 分析方法，并能合理分析托育机构所处的运营环境。

2. 能结合 SWOT 分析结果，初步认识托育机构市场，寻找和确定托育机构的市场定位。

3. 掌握托育机构市场调研的基本方法，针对性评估和预测所在地区婴幼儿家长的托育需求。

学习重难点

学习重点：

1. 能科学运用 SWOT 分析方法，从宏观和微观两个角度分析托育机构的运营环境。

2. 理解市场定位的相关知识，初步认识托育市场，掌握托育市场定位策略。

学习难点：

用适宜的市场调研方法，分析和预测托育机构所在地区婴幼儿家长的托育需求，为托育机构的投入、发展和规划等提供参考依据。

思维导图

- 托育机构的筹备策划
  - 托育机构运营环境分析
    - 市场营销环境概述
      - 市场营销的含义
      - 市场营销环境的含义
    - 托育机构运营环境分析
      - 托育机构运营的宏观环境
      - 托育机构运营的微观环境
    - 托育机构营销环境的 SWOT 分析方法
      - SWOT 分析方法的概念
      - 分析目的
      - 分析过程
  - 托育机构的市场定位
    - 托育机构市场定位的含义
      - 市场定位的含义
      - 托育机构市场定位的含义
    - 托育机构市场定位依据与方法
      - 托育机构市场定位的依据
      - 托育机构市场定位的策略与方法
  - 托育服务的市场调研与需求预测
    - 托育服务的市场调研
      - 托育服务市场调研的内容
      - 托育服务市场调研的方式
    - 托育服务的需求预测
      - 托育服务供需现状
      - 托育服务需求预测

任务一
运用 SWOT 方法分析托育机构的营销环境

任务描述

托育市场如今已成为教育产业中一块最具潜力和前景广阔的天地，面对时代的发展机遇和现有的竞争环境，托育机构需正确认识自身所处营销环境，分析自己的优势、劣势、机会和潜在威胁，进行准确的市场定位，探索适合自身的发展模式，形成自身发展思路和产品特色。

1. 小组讨论，完成工作表单 1。
2. 分析案例《昆山 XMY 儿童之家的 SWOT 分析》，完成工作表单 2。
3. 结合案例《昆山 XMY 儿童之家的 SWOT 分析》，完成工作表单 3。

工作表单

工作表单 1

小组讨论

近年来，随着国民经济的快速发展，人民物质生活水平的提升与工作节奏的加快，以及新一代父母对子女早期教育的日益重视，等等，托育服务需求与日俱增。国家陆续出台与托育行业相关的指导意见及配套计划和政策，资本加速进入托育市场，我国托育行业市场正处于蓬勃向上的发展阶段。一方面，托育行业市场受政策扶持，正在兴起和壮大，国际、国内各大托育品牌竞争激烈，采取不同发展战略，纷纷发展各大城市的线下门店，竞相争夺市场份额；另一方面，行业发展空间大，婴幼儿在各类照护服务机构的入托率仅 5.5%，且存在一些问题亟待解决，如续报率低、内容研发困难、规模化扩张较难、缺乏师资和管理人才等，东西部地区托育服务有较大发展差异，发展潜力和提升空间较大。

在经济社会高速发展的时代背景下，托育机构应密切关注运营环境的变化。请根据上述材料进行小组讨论：在托育行业当前发展背景下，托育机构的宏观环境和微观环境分别包含哪些内容？

宏观环境：	微观环境：

工作表单 2

案例分析

昆山 XMY 儿童之家的 SWOT 分析

扫码阅读《昆山 XMY 儿童之家的 SWOT 分析》，了解托育机构 SWOT 分析重点涉及哪些方面。

请思考：针对昆山 XMY 儿童之家的 SWOT 分析案例，结合目前最新出台的人口及托育政策等环境变化，思考该 SWOT 分析内容还可以进行哪些修改、补充或完善？

工作表单 3

绘制 SWOT 矩阵分析表

内部环境 \ 外部环境	优势 S	劣势 W
机会 O	SO 战略	WO 战略
威胁 T	ST 战略	WT 战略

请思考：根据上一工作表单针对昆山 XMY 儿童之家的 SWOT 分析，完善昆山 XMY 儿童之家 SWOT 矩阵分析表，提出具体针对性战略。

资料链接

PEST 分析理论

PEST 分析是指宏观环境的分析，P 是政治（politics），E 是经济（economy），S 是社会（society），T 是技术（technology）。采用 PEST 分析能够帮助企业分析外部宏观环境及其对企业发展的影响。

（1）政治环境主要包括政治制度与体制、政局、政府的态度等。

（2）经济环境包括国内、国际的经济形势和经济发展趋势，面临的行业环境及竞争环境。

（3）社会环境中影响最大的是人口环境和文化背景，人口环境包括人口规模、年龄结构、人口分布及收入分布等因素。

（4）技术环境主要包括与企业市场有关的新技术、新工艺、新材料的出现、发展趋势以及应用背景。

学习支持

一、市场营销环境概述

（一）市场营销的含义

市场营销学于 20 世纪初创建于美国，后来流传到欧洲、日本和其他国家，在实践中不断完善和发展。美国学者菲利普·科特勒（Philip Kotler）对“市场营销”这一概念进行如下社会性定义：所谓市场营销是这样一种社会过程，就是个人和集体伙同他人通过创造、提供、自由交换有价值产品和服务的方式以获得自己的所需或所求。① 即市场营销是个人和群体通过创造，并同他人交换产品和价值以满足需求和欲望的一种社会过程和管理过程。市场营销的相关概念主要有：需要、欲望和需求；产品；效用、费用和满足；交换、交易和关系；市场营销者。市场营销的最终目标是“满足需求和欲望”。

① 菲利普·科特勒，凯文·莱恩·凯勒．营销管理（第 14 版）[M]．王永贵，何佳讯，于洪彦，等，译．上海：格致出版社，上海人民出版社，2012

（二）市场营销环境的含义

市场营销环境是指影响企业市场和营销活动的不可控的参与者和影响力。市场营销环境包括微观环境和宏观环境。“营销微观环境”指的是直接影响和制约企业营销活动的参与者和影响力；“营销宏观环境”是指间接影响和制约企业营销活动的参与者和影响力。唯有合理认识、分析和利用宏观、微观环境，企业才能制定良好的市场营销策略，实现营销目标，进而努力适应、应对和把握宏观、微观环境所带来的机遇与挑战。

二、托育机构运营环境分析

以市场需求为导向的托育机构，要面对不同的市场、不同的环境和不同的消费行为。在瞬息万变的时代，应密切关注运营环境的变化，运营环境在不断变化和创造机会的同时，同样带来新的威胁。因此，要想在如今激烈的市场竞争中站稳脚跟，就要保持敏感度，持续监视和适应不断变化的环境，这将与机构未来的生存和发展命运密切相关。针对不同地区的人文特点、消费行为和地域风俗，要审时度势，科学分析托育机构的运营环境，并进行合理预测，制定不同的应对措施与发展规划，采取符合实际的营销策略，适应复杂多变的外部环境，机构才能获得长远发展。

（一）托幼机构运营的宏观环境

在经济社会发展迅速的时代背景之下，托育机构需要充分意识到宏观环境与时代发展同步的重要性，以此为依据制定托育机构的发展战略。人口环境、经济环境、社会文化环境、科技环境和政治法律环境等都属于托育机构运营的宏观环境范畴，将对托育机构的生存和发展产生间接影响。

1. 人口环境分析

人口是托育市场的第一要素，人口环境及其变化对市场潜量、格局产生深刻影响，是托育机构运营和发展的基本依据。人口环境主要包括人口数量、人口结构、人口分布与流动三大因素。人口数量分析是指在人民收入水平保持一定水准的条件下，总人口数量决定市场需求总量，特别是基本生活资料的需求总量；人口结构分析是指人口结构决定市场需求的结构，包括性别结构、年龄结构、家庭结构、社会结构和民族结构；人口分布是指人口在不同地区的密集程度，各地人口密度不同，市场大小也不同；人口流动是指人口在不同地区的短期转移。

2. 经济环境分析

经济环境包括消费者收入、消费者支出、消费者储蓄、消费者信贷和经济发展水平五大范畴。消费者收入是指消费者在一段时间内（通常指一年）所获得的实际货币收入。由于国家或区域之间名义收入与物价水平有较大差异，通常用购买力平价的方法进行衡量，消费者收入的高低也会影响产品的市场需求。消费者支出指个人和家庭在商品和服务上的花费。消费者储蓄，受利率影响，银行利率愈高，居民储蓄倾向愈强，继而使社会购买力下降。储蓄的目的一般是备意外急用，或投资于孩子的未来教育，或是为了家长自身退休后的养老生活等。了解储蓄目的，可以更有针对性地制定营销策略，为消费者提供有效产品和服务。消费者信贷，也称信用消费，是个人金融服务的一种形式，是金融机构为使消费者能够购买商品或获取服务而提供的信用贷款。它对营销的影响主要表现在使消费者购买超过自己现实购买力的商品，创造了更多的需求。一个社会信用消费水平愈高，社会购买力愈强，企业营销机会也愈大。经济发展水平是指一个国家经济发展的规模、速度和所达到的水准。国民生产总值、国民收入、人均国民收入、经济发展速度、经济增长速度是反映一个国家经济发展水平的常用指标。经济发展水平影响托育行业市场的发展程度和水平。托育行业市场受经济发展阶段和地区间经济发展水平的影响。经济发展水平影响家庭收入，进而影响人们对托育产品的消费。

3. 社会文化环境分析

社会文化是与基层广大群众生产生活实际紧密相连，由群众创造，具有地域、民族或群体特征，并对社会群体产生广泛影响的各种文化现象和文化活动的总和。托育机构营销活动必然受到社会文化环境的影响和制约。社会文化的分析因素主要包括婴幼儿家长受教育状况、宗教信仰、价值观念和风俗习俗等。人口素质与文化水平将影响托育机构经营绩效水平，机构员工的受教育程度将影响其托育服务技能和情感态度等；宗教信仰与风俗习惯对托育机构活动具有促进、禁止或抵制作用；价值观念将左右人们对托育机构活动开展及其效果的态度和偏好，如对托育重要性和托育机构存在意义的认知等。

4. 科学技术环境分析

科学技术是社会生产力中最活跃的因素，它影响着人类社会的历史进程和社会生活的方方面面，对托育机构营销活动具有重要的影响。科学技术的不断发展将促进社会经济结构的调整，造就新的行业和新的市场，促使消费需求结构发生深刻变化，推进机构创新营销组合策略和加快营销管理的现代化进程等。在如今的托育行业中，各种新兴技术正不断应用于教育产品和托育服务的全过程，丰富了托育服务的内容，打破了时间的限制，拓展了托育服务的空间，提升了托育机构教育质量和服务水平。

5. 政治和法律环境

政治和法律环境泛指一个国家的社会制度、执政党的性质、政府方针，以及国家制定的有关法律法规等。托育行业即将迎来人口政策、托育政策的红利和巨大发展机会，必须意识到环境与时代同步发展的重要性，以此为依据制定、规划一系列托育机构既定目标，完善托育配套产业，创新基础设施建设和管理服务模式。近年，《国务院办公厅关于促进3岁以下婴幼儿照护服务发展的指导意见》《托育机构设置标准（试行）》和《托育机构管理规范（试行）》《托育机构保育指导大纲（试行）》等国家重要政策文件陆续颁布，为托育机构针对3岁以下婴幼儿给予科学、规范的照护服务提供了指导，要求加快普惠托育服务体系建设，并明确提出编制“十四五”托育服务发展专项规划等。2021年5月31日，中共中央政治局召开会议，审议《关于优化生育政策促进人口长期均衡发展的决定》并指出，为进一步优化生育政策，将实施三孩生育政策及配套支持措施。随着最新人口政策的颁布，新生人口的稳定增长将助力托育行业发展，托育行业势必迎来新的发展机会，迸发巨大的活力。

（二）托育机构运营的微观环境

托育机构运营的微观环境分析主要包括托育机构的内部分析、供应商分析、营销中介分析、顾客分析和竞争者分析等，微观环境将对托育机构的生存和发展产生直接影响。

第一，托育机构的内部分析意义在于，托育机构作为一个系统组织，其内部各部门工作之间的协调关系将直接影响企业的市场营销活动。因此要求机构内部协调和处理好各部门之间的矛盾和关系，并进行有效沟通，营造良好的企业环境，以便更好地实现营销目标。

第二，供应商分析中的供应商是指为托育机构经营活动提供各种资源和服务的供应者，包括提供原材料、设备、工具和场地，资金和信贷，通信网络服务，劳动力市场，等等。供应商供应的及时性和可靠性、供应的货物价格和供货的质量保证将影响托育机构营销的质量。

第三，营销中介分析是指营销服务机构提供的专业服务对托育机构的营销活动会产生直接的影响。营销服务机构包括广告公司、广告媒介经营公司、市场调研公司、营销咨询公司、财务公司等，其主要任务是确立市场定位，进行市场推广和提供活动便利等。其中，金融机构是指为托育机构营销活动进行资金融通的机构，包括银行、信托公司、保险公司等，主要是为托育机构营销活动提供融资及保险服务。托育机构应与金融机构保持良好的合作关系，保证融资及信贷业务的稳定和渠道的畅通。

第四，顾客分析是指分析顾客的需求规模、需求结构、需求心理以及购买特点。顾客是指使用或购买进入消费领域的最终产品或劳务的消费者和生产者，广大婴幼儿及其家长是托育市场的主体，托育机构只有得到了顾客的肯定和认可，才能赢得市场。

第五，竞争者分析的内容有竞争企业数量、规模、营销能力、产品、营销策略、资源等。竞争者类型包括愿（欲）望竞争者、类别（平行）竞争者、产品形式竞争者和品牌竞争者。竞争者是指与企业或个人存在经济利益争夺关系的其他经济主体。竞争对手的状况将直接影响企业营销活动，对企业造成威胁，企业必须做到知己知彼，有效地开展营销活动。比如，对于托育市场的品牌竞争者而言，呈现出国际品牌多分布于一、二线城市，本土品牌多分布于三线城市的分布趋势。

三、托育机构营销环境的 SWOT 分析方法

（一）SWOT 分析方法

SWOT 分析方法，又叫态势分析法或内外情况对照分析法，SWOT 分析中的四个字母分别代表 Strengths（优势）、Weaknesses（劣势）、Opportunities（机会）和 Threats（威胁）。SWOT 分析法的核心在于综合分析与企业相关的各个要素，如宏观环境、微观环境、市场需求、竞争状况、企业营销条件等，通过矩阵排列、运营系统分析的方法将各种影响因素匹配，分析出与企业营销活动相关的优势、劣势、机会和威胁，为最后企业制定相应的营销策略提供依据和参考。

（二）分析目的

托育机构能及时发现市场机会和威胁，及时且有针对性地制定和调整公司发展战略与营销策略，不失时机地利用营销机会，尽可能减少威胁带来的损失。

（三）分析过程

微观环境分析包括优势和劣势两方面。优势是指较之竞争对手而言自身所具备的不可匹敌、不可模仿的核心竞争能力；劣势是指托育机构自身的缺点与不足之处。宏观环境包括机会和威胁两方面。机会是指宏观环境变化对托育机构营销有吸引力的、积极和正面的影响因素；威胁是指宏观环境变化对托育机构营销不利的、负面的影响因素。通过微观和宏观环境的综合分析，

可以针对性提出ST战略、SO战略、WT战略和WO战略，如图2.1.1所示。

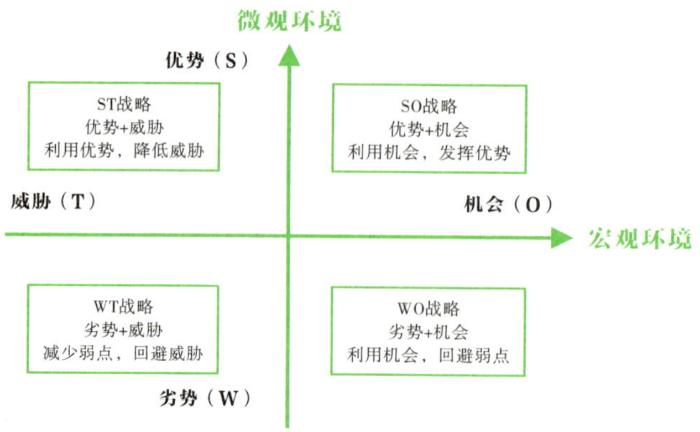

图2.1.1　SWOT分析方法

推荐阅读

（1）阿尔文·伯恩斯，安·维克．营销调研（第9版）[M]．于洪彦，金钰，译．北京：中国人民大学出版社，2021.

（2）菲利普·科特勒，凯文·莱恩·凯勒．营销管理（第14版）[M]．王永贵，何佳讯，于洪彦，等，译．上海：格致出版社，上海人民出版社，2012.

任务评价

（1）通过本次任务学习，你是否能正确运用托育机构营销环境的SWOT分析方法？

（2）请你对本次任务进行评价。

学习评价表

主题	内容	优秀	良好	一般	较差	很差
学习态度	能准时参加全部课程，按时提交作业，及时查阅教师上传的学习材料	5	4	3	2	1
专业知识	了解 SWOT 方法，并能合理分析托育机构所处的运营环境	5	4	3	2	1
研讨精神	积极参与讨论，对其他人的发言能提出合理的分析和见解	5	4	3	2	1
团队协作	能很好地融入课堂小组讨论，共同推进学习进程	5	4	3	2	1
沟通交流	能够清晰准确地表达自己的观点，与他人交流时态度语气恰当	5	4	3	2	1
人文素养	能够关注管理学人文知识，有意识地树立职业精神	5	4	3	2	1
信息素养	会检索常用的管理学专业文献数据库，主动阅读相关文献	5	4	3	2	1
实践应用	能正确运用托育机构营销环境的 SWOT 分析方法	5	4	3	2	1
自我小结						

任务二

结合案例，讨论托育机构的市场定位

任务描述

在充分了解目前我国托育行业的宏观环境和微观环境的基础上，托育机构应以目标市场为导向，针对不同目标消费群体的需求来确定适销对路的托育产品和服务，寻找和确定其核心产品自身的价值定位，并清晰地了解到自身在目标市场中的竞争地位。

1. 小组讨论，完成工作表单 1。

2. 分析案例，完成工作表单 2。

工作表单

工作表单 1

小组讨论

托育市场是一个多元化、多层次的综合消费需求集合体，对于托育机构而言，需要以消费者购买力以及不同需求为依据，将市场细分成若干子市场、不同的消费群。小组讨论：请选择某一托育机构，根据不同消费层次的家庭需求，讨论如何进行前期市场细分工作。

1. 大众消费群体：中低收入家庭

2. 高端用户：中高收入家庭

3. 低端用户：低收入家庭

工作表单 2

案例分析

扫码阅读《昆山 XMY 儿童之家市场定位》和《熊猫宝贝早教托育机构市场分析》。

托育机构市场定位与分析范例

请思考：

1. 结合昆山 XMY 儿童之家对自身的市场定位，想一想托育机构的市场定位有哪些依据和方法。

2. 结合所学理论知识以及未来托育机构发展方向等，请对熊猫宝贝的市场分析结果进行简要评价，并提出修改意见和建议。

资料链接

STP 分析理论

STP 分析理论又叫市场定位理论，根本要义在于选择确定目标消费者或客户，S 是市场细分（Segmenting），T 是目标市场（Targeting），P 是市场定位（Positioning），指企业在一定的市场细分的基础上，确定自己的目标市场，最后把产品或服务定位在目标市场中的确定位置上。

（1）“市场细分”是指以顾客不同需求为依据，把某个产品或服务的市场划分为一系列细分市场的过程。

（2）“目标市场”是指企业根据细分后的市场目标设定，围绕占据的细分市场进行一系列的目标规划。

（3）“市场定位”是指在营销过程中把其产品或服务确定在目标市场中的一定位置上，即确定自己的产品或服务在目标市场上的竞争地位，也叫“竞争性定位”。

学习支持

一、托育机构市场定位的含义

（一）市场定位的含义

“定位”是对企业的产品或其本身进行设计，从而使其能在目标顾客心目中占有一个独特的、有价值的位置的行动。1969 年，A. 里斯和 J. 屈特首次提出定位理论；20 世纪 70 年代，定位发展成完善的理论；1991 年，《广告攻心战略——品牌定位》一书指出定位已改变了现今所玩的广告游戏的方法。“市场定位”是以目标市场为导向，针对不同客户的需求来确定适销对路的产品或服务，并清晰地了解到自身在目标市场中的竞争地位。

（二）托育机构市场定位的含义

托育机构市场定位的含义为：托育机构综合考虑自身优点与劣势，以所在地区目标市场为导向，了解市场相关信息及托育行业的实时情况，针对不同类型的消费者之需求，确定适销对路的托育产品和服务，并能合理制定适合机构发展的决策，根据自身发展进行相应调整，在目标市场中对自身有着清晰的认识与定位。

二、托育机构市场定位的依据与方法

（一）托育机构市场定位的依据

托育机构的市场定位依据可参照 STP 分析理论。市场是一个多元化、多层次的综合消费需求集合体，企业需以消费者购买力以及不同需求为依据，将市场细分成若干子市场和不同的消费群，然后根据自身的发展目标、理念、规模以及资源来确定目标市场，最后以产品特征塑造品牌形象，进行市场定位。

1. 托育市场细分

托育市场的细分可按照婴幼儿年龄段、地理位置、消费者家庭人口结构、消费者家庭收入水平、消费者从事职业等特征，将消费人群进行归纳分类。机构以消费者个性化差异和共同需求为依据，观察和发现市场机会，对机构内部做出精细调整，满足消费者的愿望和需求，打造自身产品特色，提供针对性服务，构建竞争优势。

2. 确定目标市场

目标市场是指企业决定以相应服务和产品去满足其消费需求，能够为企业带来最大经济效益和最佳营销机会的具有大体相近需求，并且企业有能力占领、开拓以及提供服务的市场。在经历上述市场细分之后，托育机构要判断该市场是否具有吸引力，同时根据自身的发展目标、理念、规模以及资源来确定目标市场。根据不同类型的消费群体，提供个性化、差异化的服务和

产品，以达到适应不同消费人群的目标。

3. 市场定位策划

市场定位策划一般包括产品特点定位（质量、成分、制作方法、服务和档次等）、产品使用场合及用途、消费者得到的利益、使用者定位、竞争或竞争者定位、企业形象等。基于市场导向，托育机构通过产品研发、营销及服务等形成差异化并积累竞争优势。其中，以产品特征塑造品牌形象是市场定位的核心内容，通过有效的营销策略，将形象信息传递给消费者，为其品牌形象占据市场有利位置，明确机构产品的核心竞争力是市场定位的关键。如，某托育机构的市场定位预将以下几点作为依据——产品的针对性：针对中国婴幼儿的成长特点和规律进行产品的研发设计；产品的全面性和系统性：产品研发综合考虑认知、习惯等多个方面；适用性：分龄分版，在豪华版中可实现个性化；品牌专业性、可信性：打造中国婴幼儿家庭教育专家、婴幼儿快乐伙伴的形象；情感性、时尚性：送礼送教育，时尚又有理；便利性、归属感：全面高质量的客户服务、家庭教育的平台。①

（二）托育机构市场定位的策略与方法

1. 托育机构市场定位策划程序

托育机构首先要确定目标市场消费者的欲望和需求，对比竞争者所提供的产品，分析自己产品所提供的利益，确定哪些利益对消费者是最重要的；其次是研究竞争者提供的利益及消费者的看法，调整自己所提供的产品和服务，使之更好地满足消费者的需要；最后是开展促销活动，使产生一个自己希望市场理解和认识的形象。托育机构要注意以下几点要求：第一是要在预期消费者心中占据有利位置，让消费者满意，用新概念代替旧概念；第二是要有针对性地面对来自竞争者的挑战；第三是要有科学而独到的发展观念；第四是要做大量实地调研，深入了解竞争前沿和销售终端；第五是要与消费者及时沟通，明晰广大消费者的需求。

2. 托育机构市场定位的策略

托育机构的市场定位策略包括避让定位、插入定位、取代定位、比附定位等，具体如下：

避让定位，也叫错位定位，把产品定位在当前目标市场的空白地带，思考空白为何存在，本托育机构能否运用创造性思维，开发新兴托育产品和服务等问题。

① 参考：王丹凤．TM早教公司市场营销策略研究[D].广州：广东工业大学，2014

插入定位：企业将自身产品定位为竞争者市场产品的附件，或者插入竞争者已经占有的市场位置，与竞争者争夺同一个目标市场。插入定位的三个条件是本机构欲进入的目标市场还有未被满足的需求；机构推出的托育服务应具有特色；在法律上不存在侵权的问题。

取代定位：将竞争者赶出原本位置，或者兼并。前提条件是机构实力雄厚且尚未有其他区域可以选定，产品质量和特色过关，目标市场认同该营销模式，等等。

比附定位：即通过与竞争品牌的比较来确定自身市场地位的一种定位策略，实质是借势定位或反应式定位，即借竞争者之势，衬托自身品牌形象。在比附定位中，参照对象的选择是一个重要问题。一般而言，唯与知名度、美誉度高的品牌做比较，才能借势抬高自身地位。比附定位策略有利于品牌的迅速成长，避免受到攻击，更适应品牌成长初期。

细分定位：是指在市场细分的基础上，企业针对某一市场，因地制宜，针对性分析之后而采取的市场定位策略。

3．托育机构市场定位的具体方法

托育机构市场定位的具体方法有：首先分析外部竞争环境，确定竞争者主体及竞争者的价值，明确自身教育理念及价值的科学性、独特性与先进性；其次，避开竞争者在客户心中的优势，或者利用其优势中的弱点，确立自身品牌优势；再者，要为市场定位找寻或者创造自身产品与同类产品的区别，确保自身的信誉度；最后，将市场中的定位整合到企业经营的各方面，保证传播资源，将市场定位植入广大婴幼儿家长心中。托育机构可根据自身的实力、发展方向以及机构规模做出选择，以产品开发、推广营销、售后服务为根本的差异化竞争优势进行市场定位。①

目前我国托育机构主要包括托幼或幼儿园里的亲子园、妇幼保健院婴幼儿教养中心、政府建立的早期教养指导机构（妇联、社区组织为服务区居民服务等）。商业性托育机构的类别有国际连锁、全国连锁和本土机构之分。连锁加盟的托育机构的特点是管理参照本部，运营规范；本土自创品牌的特点是照搬已有经验，系统性和规范性较差；幼儿园附设的亲子园则为幼儿园管理模式。总而言之，托育机构市场定位的方法可总结为：将自身条件和竞争者进行比较，与其他托育机构进行比较，与幼儿园进行比较和进行自身竞争力分析，等等。

① 参考：韩琛．LAZJ公司早教市场营销策略研究[D].淄博：山东理工大学，2016

推荐阅读

（1）艾·里斯，杰克·特劳特．定位：争夺用户心智的战争 [M]．顾均辉，苑爱冬，译．北京：机械工业出版社，2015.

（2）上官海青．早教机构有效传播探究 [M]．上海：上海交通大学出版社，2014.

（3）詹姆斯·H. 迈尔斯．市场细分与定位：高效的战略营销决策方法 [M]．王祎，译．北京：电子工业出版社，2005.

任务评价

（1）通过本次任务学习，你是否对托育机构的市场细分、目标市场和市场定位有一定了解？

（2）请你对本次任务进行评价。

学习评价表

主题	内容	优秀	良好	一般	较差	很差
学习态度	能准时参加全部课程，按时提交作业，及时查阅教师上传的学习材料	5	4	3	2	1
专业知识	理解托育机构的市场细分、目标市场和市场定位相关知识，初步认识早教市场	5	4	3	2	1
研讨精神	积极参与讨论，对其他人的发言能提出合理的分析和见解	5	4	3	2	1
团队协作	能很好地融入课堂小组讨论，共同推进学习进程	5	4	3	2	1
沟通交流	能够清晰准确地表达自己的观点，与他人交流时态度语气恰当	5	4	3	2	1
人文素养	能够关注管理学人文知识，有意识地树立职业精神	5	4	3	2	1
信息素养	会检索常用的管理学专业文献数据库，主动阅读管理学文献	5	4	3	2	1
实践应用	能结合 SWOT 分析结果，确定托育机构的市场定位和掌握相关策略	5	4	3	2	1
自我小结						

任务三

编制问卷，预测托育服务市场的需求

任务描述

在完成SWOT分析和市场定位工作基础之上，托育机构在筹备与策划前期，应选用科学恰当的调研方法，对即将入驻的托育市场进行调查、研究和分析，评估和预测托育市场的多元化需求，并为托育机构选址、课程服务设计、师资队伍建设、家庭育儿指导等提供参考。

1. 小组讨论，完成工作表单1。
2. 编制《托育服务市场需求调查问卷》，完成工作表单2。

工作表单

工作表单1

小组讨论

托育机构在入驻市场之前，需对所在地区托育市场进行摸底调研，深入了解市场。如果你是托育机构的负责人，请想一想市场调研内容主要涵盖哪些方面。

市场调研内容：

工作表单2

调查与分析

托育服务市场需求调查需综合运用多种调研方法，请运用自制的《托育服务市场需求调查问卷》，以及邀请婴幼儿家长参与访谈等开展调研，最后整理和分析调研结果，进行小组汇报和分享。

亲爱的家长：

您好！我们正在进行一项关于托育服务需求的问卷调查，希望了解当前广大婴幼儿家长的托育服务需求，推动托育市场健康发展。本问卷包含三部分，第一部分为家庭基本信息调查，第二部分为育儿观念、行为及需求调查，第三部分为社区托育服务情况调查。本问卷采用匿名形式，答案无对错之分，请您按照实际情况填写。最后感谢您在百忙之中填写问卷，感谢您的帮助和支持！

一、家庭基本信息

1. 您的性别：

2. 您的年龄：

3. 您的职业：

4. ……

二、家长育儿观念、行为及需求

三、社区托育服务情况

学习支持

一、托育服务的市场调研

（一）托育服务市场调研的内容

托育服务供给应当准确把握服务利用方的需求，准确体现托育机构的针对性供给，满足婴幼儿入托需求，有效增加托育服务供给的可及和可得性。① 因此，托育机构在筹备与策划之初，应深入市场竞争前沿和销售终端，对托育市场进行大量的实地调查，针对性了解与评估所在地区 0 ～ 3 岁婴幼儿家长分布情况、托育及育儿需求，这将为未来规划托育机构建设、保育人员从业能力培训、家庭育儿指导等提供参考依据。托育服务市场调研的内容可包括区域内婴幼儿总体情况，婴幼儿家长受教育程度、经济能力与托育需求，区域环境，同业竞争。②

1. 区域内婴幼儿总体情况

首先需确定托育机构覆盖区域，通过向有关人口统计部门咨询或上网查询公布的人口资料，调查该区域内的婴幼儿数量、年龄结构和分布情况；其次应具体分析过去、现在与未来婴幼儿人口年龄段变化特征，把握市场变化，这将关乎托育机构的市场前景。

2. 家长的受教育程度、经济能力与托育需求

现代城市家庭对托育机构寄予了较高期望，受教育程度、社会经济地位和综合素质较高的家长，育儿观念较为科学，将更加关注婴幼儿托育质量，认可婴幼儿教育的重要性和专业性，对托育机构提出多样化和高质量需求，且能额外承担一定的托育服务费用。此外，还应了解婴幼儿对托育服务的主要需求，并尽可能广泛征集家长对开办托育服务机构的意见和建议。

① 黄杰，高瑾，宋占美．城市家长对托育服务的需求及期望——基于 3089 位家长的调查研究 [J]. 陕西学前师范学院学报，2021，37（2）：1-11

② 参考：金国壮，雷欣，邓靖秋．早教机构策划・运营・推广 [M]. 北京：化学工业出版社，2020

3. 区域环境

区域环境包括社会环境、行业环境、经济环境和教育环境等。不同的环境特性将对早教机构经营方式产生重要影响，需对机构所处的环境进行调研和分析，了解市场和环境的新情况和新问题，并有的放矢，及早制定计划方案。

4. 同业竞争

需调查所处区域内托育机构的数量、类型和发展情况，如服务理念、环境设备、卫生保健、保教内容、师资队伍建设、托育服务总体质量及市场认同度等①，了解竞争对手的分布情况、营销策略、市场份额以及主要客户分布区域，找出其薄弱环节，做到“知己知彼，百战不殆”，以便重点突破，在早期筹备阶段详加评估并思考未来市场发展策略。

（二）托育服务市场调研的方式

托育机构市场需求调研问卷示例

托育服务市场调研的方式主要包括以下几种类型：家庭走访及问卷调查、社区机构调查、妇幼保健站调查、电话调查和网络调查等。其中针对婴幼儿家长的问卷调查应用较为广泛，该调查问卷设计维度可分为家长个人基本信息，家庭基本情况，家长育儿观念、行为与需求，社区基本情况，等等。二维码中是一份托育机构市场需求调研问卷，仅供参考。请扫码观看。

二、托育服务的需求预测

（一）托育服务供需现状

随着我国“二孩政策”和“三孩政策”的相继出台，以及现代经济社会的不断发展，0～3岁婴幼儿托育需求愈发凸显。2016年3月国家卫生计生委开展“城市家庭3岁以下婴幼儿托育服务需求调查”，调查数据显示33.3%的家长有婴幼儿托育需求。2017年11月《中国妇女报》发布3岁以下婴幼儿托育服务需求调查数据，35.8%的3岁以下婴幼儿家长存在托育需求；无祖辈参与照看的家庭托育需求达43.1%；在祖辈参与照看的家庭中，33.8%的家庭仍表示有托育需求；69.7%的家长希望将孩子送往专业的托育机构，以培养孩子的独立能力，激发潜能。如今婴幼儿托育服务需求日益增加，与之相反，现实入托率极低，托育服务供需矛盾凸显。中国家庭对于托育服务的需求日趋旺盛，但托育服务市场却面临供给总量匮乏、供给结构失衡与服务质量良莠不齐等问题。有关数据显示，城市3岁以下婴幼儿在各类托育机构的入托率仅为4.1%，而发达国家3岁以下婴幼儿的入托率在25%至55%之间。

通过以上分析可知，目前我国婴幼儿托育服务现状呈现家长需求与日俱增，但市场供给总量匮乏，托育服务供需失衡等矛盾。在托育行业即将迎来

① 黄杰，高瑾，宋占美. 城市家长对托育服务的需求及期望——基于3089位家长的调查研究[J]. 陕西学前师范学院学报，2021，37（2）：1-11

巨大市场发展空间和机会的时代背景下，托育机构应以满足家长和婴幼儿需求为导向，充分了解真实的市场需求，做好需求预测工作。

（二）托育服务需求预测

婴幼儿托育服务是新时代实现幼有所育的重要基础。随着托育服务需求日趋大众化，近年来相关部门出台若干政策对托育服务发展进行政策引领和理论指导。2019 年，国务院办公厅出台了《关于促进 3 岁以下婴幼儿照护服务发展的指导意见》，对婴幼儿照护服务进行了顶层设计，明确托育机构的登记注册部门；同年 10 月，国家卫健委印发《托育机构设置标准（试行）》和《托育机构管理规范（试行）》，从场地、设施、人员、管理等多方面制定标准，进一步加强托育机构专业化和规范化建设。各种政策的出台，将为托育服务行业的高质量发展保驾护航，打下坚实基础。得益于巨大的社会需求和国家的政策扶持，未来托育服务将不断扩大发展空间，托育机构可精准定位市场需求，凭借课程产品、服务质量以及经验优势，进行规范的良性市场竞争。

2019 年，洪秀敏等基于 6 省 12 个城市共计 10455 个青年家庭托育服务获得感和需求调查的 Kano 模型分析发现，青年家庭对托育服务的获得感不高，近一半家庭表示入托难，且面临收费高、离家远、优质资源少的困境；超过七成家庭有托育需求，2 ～ 3 岁幼儿家庭托育服务需求最迫切，全日制托育模式最受青睐，家庭对教育的需求远高于保育需求。因此，当前托育服务存在着高额托育服务费与普惠性需求之间的矛盾、对优质托育的需求与机构质量良莠不齐之间的矛盾、供给服务单一与多元化需求之间的矛盾。①

近年来，随着托育行业的不断成熟与发展，缺乏科学的早教理念、教学内容单一、品牌影响力低、师资力量薄弱的早教机构将逐渐处于不利的竞争地位，行业集中度将会逐渐提高。因此，对于托育机构而言，应精准、动态跟进与把握现代婴幼儿家庭的普惠性、多元化、高质量服务需求，按需合理扩充和规划托育服务资源。首先，从人口变动视角，尤其是根据 2 ～ 3 岁婴幼儿数量来对托位的需求总量进行预测；其次，充分发挥多方优势，构建保教并举、类型多样的托育服务模式，满足不同家庭的多元化托育服务需求，如提供全日制、半日制、寄宿制、计时托管等多种形式的托育服务等，丰富婴幼儿教育相关服务内容，如良好习惯、认知能力、人际关系等；最后，可充分利用互联网平台，推进“互联网 +”托育服务建设，便利收集和精准把握家庭在托育服务时间、内容、类型等方面的多元需求，促进实际需求和有效

① 洪秀敏，朱文婷，陶鑫萌 . 新时代托育服务的供需矛盾与对策——基于青年家庭获得感和需求的 Kano 模型分析 [J]. 人口与社会，2019，35（6）：3-14

供给相匹配，促进托育服务信息化、可持续和高质量发展，为广大婴幼儿家庭提供高质量托育服务，为实现幼有所育和幼有善育提供基本保障。

新时代，托育机构应响应国家号召，紧跟时代发展潮流，满足人民群众的高质量托育服务需求，探索更适宜我国本土文化的托育理念，制定更合理的教学计划和教学内容，给予婴幼儿和家长科学的教育发展观念、高质量的课程与服务体验，加速完善机构建设，增强品牌核心竞争力，力争打造民族品牌，将国家指导、社会需求、国际标准科学结合，并朝着国际化、科学化、专业化的婴幼儿托育服务的发展目标迈进，促进婴幼儿健康成长，共同致力于我国托育行业走上健康、成熟的良性发展道路。

推荐阅读

（1）温泉．如何开家早教机构 [M]. 北京：化学工业出版社，2016.

（2）金国壮，雷欣，邓靖秋．早教机构策划 • 运营 • 推广 [M]. 北京：化学工业出版社，2020.

任务评价

（1）通过本次任务学习，你是否对托育机构的市场调研和需求预测工作有了进一步认识？

（2）请你对本次任务进行评价。

学习评价表

主题	内容	优秀	良好	一般	较差	很差
学习态度	能准时参加全部课程，按时提交作业，及时查阅教师上传的学习材料	5	4	3	2	1
专业知识	掌握市场调研的基本方法，了解托育机构的市场调研和需求预测工作	5	4	3	2	1
研讨精神	积极参与讨论，对其他人的发言能提出合理的分析和见解	5	4	3	2	1
团队协作	能很好地融入课堂小组讨论，共同推进学习进程	5	4	3	2	1
沟通交流	能够清晰准确地表达自己的观点，与他人交流时态度语气恰当	5	4	3	2	1
人文素养	能够关注管理学人文知识，有意识地树立职业精神	5	4	3	2	1
信息素养	会检索常用的管理学专业文献数据库，主动阅读管理学文献	5	4	3	2	1
实践应用	能选用科学恰当的调研方法，针对性评估和预测托育服务市场需求	5	4	3	2	1
自我小结						

项目三

托育机构的筹建与设计

项目目标

1. 了解托育机构的选址与建筑要求、托育机构形象设计的具体策略。

2. 掌握并学会运用托育机构的空间功能设计、硬件设施和玩教具配置相关知识。

3. 培养学生热爱托育事业，对托育机构形象有专业的理解。

学习重难点

学习重点：

了解托育机构的选址与建筑要求、托育机构形象设计的具体策略。

学习难点：

掌握并学会运用托育机构的空间功能设计、硬件设施和玩教具配置相关知识。

思维导图

- 托育机构的筹建与设计
  - 托育机构的选址与建筑要求
    - 托育机构周边环境要求
    - 托育机构房屋建筑要求
  - 托育机构的形象设计
    - 形象及托育机构形象
    - 托育机构形象设计策略
  - 托育机构的空间功能设计
    - 生活活动用房设计
      - 生活活动用房的基本配置
      - 班级规模设置
      - 生活活动用房设计的具体要求
      - 生活活动用房的区域设置
    - 服务管理用房设计
      - 服务管理用房的基本配置
      - 服务管理用房的设计要求
    - 供应用房设计
      - 供应用房的基本配置
      - 供应用房的基本设计要求
  - 托育机构的硬件设施与玩教具配置
    - 室外设施要求
    - 活动室环境与区域材料
    - 玩教具与图书配置

任务一

联系实际，分析托育机构的选址与建筑要求

任务描述

0～3 岁的婴幼儿正处于身心发展的关键期，托育机构的周边环境将会对其健康发展产生重要影响。因此，托育机构的选址需要将安全以及 0～3 岁婴幼儿身心健康发展放在首位。同时，还需结合周边的自然环境、人文环境、服务范围以及交通的便利性等多方面进行合理选址，在促进婴幼儿发展的同时，使托育机构能可持续发展，产生良好的社会效益。此外，托育机构的房屋建筑应符合各类建设规范、标准的相关要求，做到安全适用、经济美观、节能环保，为婴幼儿接受高质量的托育服务提供良好的场所。

1. 联系实际，完成工作表单 1。
2. 扫描二维码，完成工作表单 2。

工作表单

工作表单 1

小组讨论

联系实际，调查你周围的托育机构，并讨论其周边的环境是否符合婴幼儿身心健康发展要求，以及选址是否科学。

机构名称	选址	周边环境

某托育机构实景

工作表单 2

扫码观看视频材料：某托育机构实景，从以下几个方面来分析托育机构的房屋建筑特点与要求。

面积	布局	功能

学习支持

一、托育机构周边环境要求

（一）适宜婴幼儿健康成长的周边环境

1. 安全的周边环境

生命安全对每个人至关重要，更别说脆弱的婴幼儿了。在托育机构的选址上，要把婴幼儿的安全放在首位，尽可能杜绝一切安全隐患给婴幼儿带来伤害。因此托育机构应远离车流量大的主干道、易发生危险的建筑物、易燃易爆危险品储存场所、可能发生自然灾害的地方、精神病医院等特殊区域。场所地下严禁燃气、输油管道等穿过。不应将机构设立于第三层以上的楼层，也不设立在地下室或半地下室。

2. 无污染的周边环境

空气质量的好坏会对婴幼儿的健康产生重要的影响。因此，托育机构的选址应尽量在空气质量较好、绿化水平较高的区域，远离污染和辐射源，如化工厂、高压变电站、垃圾焚烧站、屠宰场、医院等场所，也不得紧靠主干道以防汽车尾气造成空气污浊。

3. 安静的周边环境

研究表明，噪声会对婴幼儿的睡眠、脑部发育、听力、食欲、情绪等产生不利影响。因此，托育机构应避免人流量大、喧闹嘈杂的地方，要远离工厂、工地、集市、娱乐场所等，为婴幼儿身心健康成长提供一个安静的环境。

4. 适宜的户外活动环境

适宜的户外活动能够发展婴幼儿的基本动作，增强其体质。托育机构应当保证婴幼儿每日户外活动不少于 2 小时，寒冷、炎热季节或特殊天气情况下可酌情调整。户外活动场地宜具有良好的日照和通风条件，并应设置安全防护设施。选址时，经营者应考察周边是否有合适的场地来配备适宜的游戏设施。如果没有，在保障安全的前提下，可利用附近的公共场地和设施，使资源得到共享和有效的利用。

（二）适宜托育机构良性发展的周边环境

1. 便利的周边环境

接送婴幼儿是否便利在很大程度上会影响家长对托育机构的选择。因此在进行选址时，经营者要对区域的交通路线有详细的了解，仔细考察周边的交通设施情况，如公交车站、地铁站、停车场位置等。另外，关键路段是否经常堵车或交通事故是否频发也是要考察的重点因素。

2. 有托育需求的消费群体

现有和潜在的托育消费群体能够为托育机构提供稳定的生源，保障托育机构的运营与发展。因此，托育机构的选址应考虑人口结构，关注周围的婴幼儿比较多，有托育需求的年轻人居多的地区。此外，托育机构应根据自己的目标定位来选址。比如，定位高档的托育机构，应选址在中央商务区、高档住宅区周边。

3. 所在城市的发展规划

托育机构的选址需调查和了解当地的城市规划布局情况，托育机构应当有自有场地或租赁期不少于 3 年的场地，避免拆迁造成周边环境发生较大变化而影响机构的运营。另外后期的搬迁也是一项浩大的工程，会造成一定物件损耗而使投入资本浪费，还会在一定程度上造成客户的流失。

总而言之，托育机构选址应以婴幼儿安全和身心健康发展为前提，结合人口密度、人口增长、婴幼儿照护服务需求、交通、环境等因素综合考虑，合理布点。经营者在选址时可以充分运用 SWOT 分析方法，分析托育机构周边环境的优势、劣势，潜在的威胁与机遇，保证托育机构的良性运行，为婴幼儿健康发展提供高质量的服务，产生良好的社会效益。

二、托育机构房屋建筑要求

托育机构的房屋建筑应符合各类建设规范、标准的相关要求，做到安全适用、经济美观、节能环保，为婴幼儿接受高质量的托育服务提供良好的场所。托育机构的规划、面积与规模、布局结构，以及装修设计，如楼梯扶手、栏杆、踏步、门窗等标准可以参照《托儿所、幼儿园建筑设计规范》（JGJ39—2016）以及《托育机构设置标准（试行）》的相关要求。

（一）房屋建筑规模适宜

实践证明，在同一地点，托育机构规模过大，越容易产生婴幼儿及家长过于集中、照护环境和服务质量下降、工作人员过多、管理难度加大、综合效率及效益偏低、安全隐患增加等诸多问题。因此，一般不建议设置 150 托位以上规模的托育机构。托育机构的建设规模应以服务半径、服务人口、服务人口分布和人口增长为基本依据，统筹区域内托育服务设施数量、规模，科学确立房屋建筑规模。

（二）房屋建筑安全环保

新建独立的托育机构房屋宜为低层或多层建筑。当托育机构与其他建筑合建时，宜设置在首层或二层部分。婴幼儿活动用房应布置在首层或第二层，不应设在地下室、半地下室，以免影响意外发生时婴幼儿及相关人员的迅速疏散转移。机构房屋建筑应符合抗震、防火、环保等方面的规定，避免产生安全隐患。

（三）房屋建筑布局合理

在布局上，托育机构需要结合婴幼儿的心理和生理特点，满足卫生、健康、安全等基本要求，并有利于机构的建设发展和对婴幼儿的保育与安全管理。机构宜有良好的朝向，确保室内适宜的采光和通风。托育机构主入口的设计必须保证安全，不应直接设在城市主干道或过境干道一侧。

机构宜设置室外活动场地，面积宜为 2 平方米 / 托位及以上。室外活动场地宜具有良好的日照和通风条件，绿化用地面积宜为 1.5～3 平方米 / 托位。为保障婴幼儿活动时的安全，室外活动场地应设置安全防护设施。

（四）房屋建筑功能完善

托育机构的房屋建筑主要包括婴幼儿活动用房、服务管理用房、附属用房和其他用房等。婴幼儿活动用房是婴幼儿的主要活动区域，包括但不限于班级活动单元和综合活动室。班级活动单元包括每个班级专用的睡眠区、活动区、配餐区、清洁区、卫生间、储藏区等；综合活动室则可供不同班级使用，满足婴幼儿游戏、做手工、跳舞、唱歌等室内活动需求，并可作为托育机构开展集体活动的场所。

服务管理用房包括但不限于晨检接待厅、保健观察室、隔离室、哺乳室、警卫室、办公室、财务室、会议室、储藏室等。附属用房包括但不限于设备机房、开水间、餐食准备区、卫生间、清洁间、车库等。其他用房包括但不限于开展人员培训、婴幼儿早期发展培训、家庭养育指导等服务的用房。机构可根据实际发展需求进行设置。

推荐阅读

（1）托儿所、幼儿园建筑设计规范（JGJ39—2016）（2019 年版）.

（2）国家卫生健康委关于印发托育机构设置标准（试行）和托育机构管理规范（试行）的通知 [Z]. 国卫人口发〔2019〕58 号，2019-10-08.

（3）汪愉栋．“共享教育空间”下托育机构的多元化选址模式 [J]. 教育观察，2020（24）：14-16，85.

（4）李维华．选址学概论：单店选址理论与实务［M］．北京：企业管理出版社，2021.

任务评价

（1）通过这次的学习，假设你是一名托育机构的管理者，请问你如何为你的机构选址，并结合所学内容尝试着为机构画一个平面设计图。

（2）请你对本次任务进行评价。

学习评价表

主题	内容	优秀	良好	一般	较差	很差
学习态度	能准时参加全部课程，按时提交作业，及时查阅教师上传的学习材料	5	4	3	2	1
专业知识	了解托育机构的周边环境、选址与建筑要求	5	4	3	2	1
研讨精神	积极参与讨论，对其他人的发言能提出合理的分析和见解	5	4	3	2	1
团队协作	能很好地融入课堂小组讨论，共同推进学习进程	5	4	3	2	1
沟通交流	能够清晰准确地表达自己的观点，与他人交流时态度语气恰当	5	4	3	2	1
人文素养	能够关注环境等人文知识，有意识地树立职业精神	5	4	3	2	1
信息素养	会检索常用的管理学、建筑学专业文献数据库，主动阅读相关文献	5	4	3	2	1
实践应用	能够运用所学内容分析托育机构的选址、建筑要求	5	4	3	2	1
自我小结						

任务二

收集相关资料，分析托育机构形象及设计策略

任务描述

托育机构形象作为一种宝贵的无形资产，承载了机构的理念，凝聚了机构的文化，反映了机构的综合实力，是机构获取公众支持和社会资源的重要保障。因此，托育机构不仅要重视效益，还要注意树立良好的企业形象。托育机构的形象设计需要结合托育机构的综合定位、消费人群分析、产品识别、品牌形象等四个方面展开，同时还要突出托育机构优势，树立品牌独特鲜明的形象，这就需要托育机构在进行形象设计时，要更为专业化、具体化、视觉化，使其品牌形象的传播力和感染力达到最强。

1. 查阅相关资料，完成工作表单 1。
2. 收集资料与分享，完成工作表单 2。

工作表单

工作表单 1

调查与分享

小组合作，从以下四个方面调查当地有哪些托育机构，并进行小组分享。

托育机构名称	品牌 LOGO	机构形象	发展背景

工作表单 2

小小设计师

小组合作，为一家托育机构起一个名字，设计 LOGO，并解释其含义以及塑造的机构形象。

学习支持

一、形象及托育机构形象

（一）形象及企业形象识别系统

形象即能引起人的思想或感情活动的具体形状或姿态。从心理学的视角，形象是通过视觉、味觉、触觉、听觉等各种感觉器官在大脑中形成的关于某种事物的整体印象，指某一个外部形态，经过主体感知而转化成的心理图像，即感知的集合体。

企业形象就是指社会公众和消费者按照一定的标准和要求，对某个企业经过主观努力所形成和表现出来的形象特征所形成的整体印象和评价。企业形象由外部要素和内部要素构成。外部要素是企业各种外显性视觉对象的综合，是社会公众能直接感知到的具体内容。内部要素是指由企业形象所表现出来的内在特征与精神。

企业形象通过其识别系统表现出来，即企业形象识别系统（Corporate Identity System），简称 CIS 系统。CIS 最早起源于 20 世纪的欧洲，20 世纪 80 年代中期，CIS 传入中国大陆并逐步盛行起来。CIS 是指企业有意识、有计划地将自己的各种特征向社会公众主动地展示与传播，使公众对其有一个标准化、差别化的印象和认识。CIS 系统一般分为三个方面，分别为企业的理念识别，即 Mind Identity（简称 MI），指企业在长期生产经营过程中所形成的成员共同认可和遵守的价值准则和文化观念、经营方向、经营思想和经营战略目标。行为识别，即 Behavior Identity（简称 BI），是企业理念的行为表现，包括在理念指导下的企业员工对内和对外的各种行为，以及企业的各种生产经营行为，如公共关系、营销活动、产品研发、公益性活动等。视觉识别，即 Visual Identity（简称 VI），是企业理念的视觉化，通过企业形象广告、标识、商标、品牌、产品包装、企业内部环境布局等向大众表现和传达企业理念。CIS 的核心目的是通过企业行为识别和企业视觉识别传达企业理念，树立企业形象。①

（二）托育机构形象

托育机构形象就是指家长和社会公众按照一定的标准和要求，对托育机构理念、服务、外部形象等的整体印象和综合评价。托育机构形象主要涉及三层含义：家长和公众是托育机构形象的感受者和评价者，这种评价是用一定的标准，对机构形象进行整体、综合的认知，是经过理性的选择和思考的最终印象；托育机构形象是管理者和全体员工刻意塑造和用心追求的结果；家长和公众对托育机构形象的认知会从印象上升为信念并据此做出判断和评价。因此，托育机构应注意其良好形象的塑造，为婴幼儿提供高质量的托育服务，赢得家长和社会的认可和支持。

二、托育机构形象设计策略

托育机构应从其理念、标识、服务提供以及公共关系等方面入手，通过以下策略，塑造和设计良好的形象。

（一）托育机构的 VI 设计

托育机构要进行定位分析，凝练服务理念，为机构命名及设计标志（LOGO），将机构的服务宗旨、价值和文化，以及对婴幼儿的关爱、呵护等设计要领贯穿整个视觉系统，给公众和家长留下深刻的印象。此外，托育机构的 VI 设计，还要考虑视觉冲击、民族个性、当地文化、可实施性、符合审美规律、严格管理等方面，例如 LOGO 的整体设计、辅助图形、颜色运用和搭配等。一般而言，国内托育机构的 VI 设计分为三种类型：文字型，以托育机构的中文名称作为标志；字母型，以托育机构名称的汉语拼音或其英文名字母组合作为 VI 标志；卡通图案型，许多托育机构的 VI 都含有卡通图案，还有用简笔画勾勒出轮廓，再用字母、数字等变形组成的图案。

（二）托育机构的公众号搭建

大多数托育机构除了线下宣传，也注重线上的宣传。如利用托育机构的官方微信公众号，发布机构经营、服务的理念、价值观和文化建设相关内容，以及行业讯息、课程安排等。其优点是便捷、覆盖面较为广阔、“互联网 +”时代传播速度较快等，适用于托育机构形象和口碑宣传。

（三）托育手册

托育机构结合实际情况，通过宣传手册的发放，为婴幼儿家长介绍该托育机构的服务宗旨、环境场地、照护理念、专业团队等，对托育机构的整体

---

① 郭玉良 .CIS 品牌策划与设计 [M]. 北京：中国电力出版社，2015

形象做进一步宣传，加强目标人群对机构的全面了解和认识。

（四）官方招生海报

官方招生海报是将托育品牌视觉识别（VI）进行延伸，以平面海报的形式，涵盖托育品牌形象、服务特色、机构人才培养等维度，通过微信公众号等渠道进行宣传，不断强化托育机构品牌形象。

（五）形象宣传片、短视频

托育机构形象也可以通过相关形象宣传片或短视频建立，通过互联网信息传播途径，促进家长对托育机构的了解，迅速增强其对托育机构的信任感。宣传片节奏明快，有利于拉近托育机构与家长的距离，短时间内传递托育机构的教育理念和特色。

（六）公益活动

托育机构可以在公共场所开展公益活动，比如举办家庭育儿、幼儿养护、亲子游戏等方面的讲座，为家长提供免费的教养咨询等，不仅可以让家长了解机构相关服务，还能提升机构的形象。

推荐阅读

（1）菲利斯·M. 克里克，金柏莉·A. 卡克斯．托幼机构管理（第 9 版）[M]. 北京：北京师范大学出版社，2018.

（2）杨蓉．托幼一体化的教师实践 [M]. 南京：江苏凤凰少年儿童出版社，2015.

（3）曾凡海．企业形象策划与设计 [M]. 北京：清华大学出版社，2016.

任务评价

（1）通过这次的学习，你对托育机构形象设计策略是否有了更深的认识？

（2）请你对本次任务进行评价。

学习评价表

主题	内容	优秀	良好	一般	较差	很差
学习态度	能准时参加全部课程，按时提交作业，及时查阅教师上传的学习材料	5	4	3	2	1
专业知识	了解托育机构的周边环境、选址与建筑要求	5	4	3	2	1
研讨精神	积极参与讨论，对其他人的发言能提出合理的分析和见解	5	4	3	2	1
团队协作	能很好地融入课堂小组讨论，共同推进学习进程	5	4	3	2	1
沟通交流	能够清晰准确地表达自己的观点，与他人交流时态度语气恰当	5	4	3	2	1
人文素养	能够关注管理学等知识，在管理中有意识地树立人文精神	5	4	3	2	1
信息素养	会检索常用的管理学、营销学等专业文献数据库，主动阅读相关文献	5	4	3	2	1
实践应用	能够运用所学内容对托育机构进行形象设计	5	4	3	2	1
自我小结						

任务三

联系实际，分析托育机构空间功能设计的要求

任务描述

托育机构应为婴幼儿身心健康发展提供良好的环境，应根据实际情况和相关规定，合理配置和设计生活活动用房、服务管理用房和供应用房，满足婴幼儿发展需求、生活活动需求及安全需求、后勤保障需求等。生活活动用房主要包括活动室、卫生间、寝室、储藏间和专用活动室等；服务管理用房主要涉及保健室、母婴室、办公室、前台、值班室、资源室等；供应用房主要包括厨房、配餐间、保洁间、茶水间、卫生间等。

1. 实地观察与查阅资料，小组讨论，完成工作表单 1。

2. 小组合作，完成工作表单 2。

工作表单

工作表单 1

小组讨论

实地考察或查阅相关资料，小组讨论，托育机构主要设置了哪些功能区？该区域有哪些设施？其要求有哪些？

功能区	具体设施	相关要求

工作表单 2

看一看，画一画

小组合作，实地观察一托育机构，画出该托育机构的平面图。据其实际情况，分析各类功能用房的设施和空间设置的优点与不足。

类别	优点	不足	改进方法
生活活动用房			
服务管理用房			
供给用房			

学习支持

托育机构的功能室可以参照《托儿所、幼儿园建筑设计规范》（JGJ39-2016）以及《托育机构设置标准（试行）》等进行设计和配置。

一、生活活动用房设计

（一）生活活动用房的基本配置

生活活动用房包括活动室（含专用活动室，如体能活动室、美术活动室、音乐活动室等）、卫生间、寝室、储藏间等。托育机构应根据其开办性质和类型、实际情况和功能需求，有针对性地设计符合要求的生活活动室。

（二）班级规模设置

首先，托育机构应按照婴幼儿的年龄编班。在年龄的划分上，应充分考虑不同年龄阶段婴幼儿发展的水平和特点，但不能简单地以年龄为依据来进行划分，而需要以实际发展水平为依据。在婴幼儿的动作发展方面，以婴幼儿身体位移能力作为教养阶段划分的依据比较可行。婴幼儿身体位移能力的发展对其心理、认知、情绪和社会性行为的发展，都有重要的影响。为此，0～3 岁婴幼儿可以被大致划分为三个阶段，即 0～1 岁（尚处于爬行阶段的婴儿）、1～2 岁（稍大一点的学步儿）以及 2～3 岁（能够独立行走的学步儿）。此外，2 岁以上的婴幼儿划分为 1 个班，全日制托育机构的班级规模应控制在 8 个班以内，半日制、计时制等托育机构可结合实际情况安排实际的班级规模。

1. 全日制、半日制托育机构的班级规模

托育机构也可依据实际需求确定其开班性质，但要以婴幼儿健康安全与发展为前提。同时，班级人数的控制、师幼比的设置是保障托幼机构保育和教育质量的重要因素之一，因此，托育机构可依据婴幼儿生源的实际情况灵活安排班级规模。班级规模依据婴幼儿年龄段参考设置如表 3. 3. 1。

表 3.3.1 班级规模设置（全日制、半日制）

班级名称	班级人数	师幼比
婴儿班（7 ~ 12 个月）	不超过 9 人	1 ∶ 3
小托班（13 ~ 18 个月）	不超过 12 人	1 ∶ 5
中托班（19 ~ 24 个月）	不超过 16 人	1 ∶ 6
大托班（25 ~ 36 个月）	不超过 20 人	1 ∶ 7

2. 混龄和其他形式的班级规模：

托育机构的班级规模要充分考虑该年龄阶段婴幼儿的身心发展特点，除了全日制、半日制班级，还有混龄班、计时制等班级，其班级规模可以参考：混龄班中，混龄小托班（6 ～ 18 个月）的班级人数不超过 12 人，师幼比 1 ∶ 3；混龄大托班（19 ～ 36 个月）的班级人数不超过 18 人，师幼比 1 ∶ 6。

此外，计时制（例如早教中心、亲子园等）应考虑到亲子参与活动和班级室内空间等情况，每班的家庭数建议不超过 12 个，每个家庭以 1 名成人参与为宜，每节活动的教师为 2 名，也可根据该机构和参与家庭实际情况进行班级编排。

（三）生活活动用房设计的具体要求

生活单元房间的最小使用面积不应小于表 3. 3. 2 的规定，当活动室与寝室合用时，其房间最小使用面积不应小于 90 平方米。其中，活动室、寝室、多功能活动室等幼儿使用的房间应做保温、有弹性的地面，儿童通道的地面应采用防滑材料。

表 3.3.2 生活单元房间最小使用面积

房间名称		生活单元房间最小使用面积
活动室		50 平方米
寝室		40 平方米
卫生间	厕所	10 平方米
	盥洗室	6 平方米
储藏间		6 平方米

1. 活动室的设计要求

托育机构可依据不同年龄，为所招收的婴幼儿提供相应的活动室。活动室应具备日照充足、光线明亮、通风良好等条件，地面宜铺设地板或柔软、有弹性的地垫等，墙面应有软包。

活动室内有明确的功能区域划分和丰富的设施设备，以满足婴幼儿自主游戏和探索的需要。活动室宜设阳台或室外活动平台，且不应影响日照。活动室室内墙面应具有展示教材、作品和进行空间布置的条件。有条件的托育机构，在场所充足的情况下，还可以设置专用活动室以满足婴幼儿更多的活动需求。

计时制的托育机构，例如亲子园、早教中心等，可依据场所的实际情况灵活安排配套活动室，以满足不同年龄段婴幼儿活动和发展的需要，如综合活动室、精细动作活动室、体能运动活动室等。活动室面积建议不小于 50 平方米，单侧采光的活动室进深不宜大于 6.6 米。可将面积不小于 100 平方米的区域划分为多个活动区域，例如自由活动区、角色扮演区、体能活动区等。

2. 寝室的设计要求

寝室应为每一名婴幼儿设置一张床铺，不宜布置双层以上床铺。全日制的托育机构应提供寝室。寝室内需要放置适合婴幼儿单人专用的小床，例如固定床、折叠床等。为了给婴幼儿提供良好、健康的睡眠环境，寝室窗户上应安装窗帘，起到避光的作用，窗户上还应安装防护栏，以防婴幼儿攀爬跌落。另外，寝室应紧邻卫生间，便于婴幼儿大小便。

寝室的面积设计要求是单一寝室面积不小于 40 平方米，如不具备单独设置寝室的条件，寝室可与活动室合并使用，其面积应不小于 90 平方米。

3. 卫生间的设计要求

卫生间应由厕所、盥洗室组成，并宜分间或分隔设置。卫生间应临近活动室或寝室，且开门不宜直对活动室或寝室。盥洗室与厕所之间应有良好的视线贯通。卫生间所有设施的配置、形式、尺寸均应符合婴幼儿身心特点和卫生防疫的要求。卫生间面积应不小于 16 平方米，婴儿班和小托班的卫生间还应提供换尿布台，要尽量把换尿布台单独设置在一个区域中，如有条件还应提供单独配套的水池和专用垃圾桶。因为换尿布区域要注意清洁消毒，以防传播消化系统病毒等。小托班、中托班的卫生间内可配备婴幼儿专用小马桶、坐便器、便池等。大托班卫生间可配备一人一坑的小蹲坑槽、小便斗或小便池，蹲坑两边装有隔板，隔板处可加设扶手，便于婴幼儿如厕时使用。每班卫生间的卫生设备数量不应少于表 3.3.3 的规定，且女厕大便器不应少于 2 个，男厕大便器不应少于 1 个。

表 3.3.3 每班卫生间卫生设备最少配置数量

污水池（个）	大便器（个）	小便器（沟槽）（个或位）	盥洗台（水龙头）（个）
1	3	2	2

其中，盥洗室面积应不小于 6 平方米，配有婴幼儿饮水用具（保温桶、茶杯箱）、洗手池（婴幼儿洗手池和教师洗手池）、储物柜、消毒柜、毛巾架、污水池等设施。婴幼儿洗手池距地面的高度宜为 0.5 ～ 0.55 米，宽度宜为 0.4 ～ 0.45 米，水龙头的间距宜为 0.55 ～ 0.6 米，数量以 3 ～ 4 个为宜，同时要确保冬季有适宜温度的热水供使用，日常使用后均须及时做好清洗消毒工作。

卫生间地面应使用防滑地砖，避免婴幼儿跌倒；地面应易于清洗；墙面边缘及洗手池边缘应做圆角设计，防止婴幼儿碰撞受伤；若卫生间无窗，需要考虑安装通风设备。卫生间还应考虑美观、有童趣的设计元素。如洗手台上可有不同形状的镜子、动物形象的水龙头、绿色植物、卡通贴画等，这样有助于让婴幼儿获得愉快的如厕体验，为培养其良好的如厕习惯奠定基础。

4. 储藏间的设计要求

有条件的托育机构，每个班可设有不小于 6 平方米的储藏间，其中可设开放式橱柜或货架，用于各班有序管理班级物品等。

（四）生活活动用房的区域设置

托育机构也可按照区域划分，进行生活活动用房设置。每个区域有相应的功能和设施，以保障婴幼儿的健康与发展。例如衣帽区的设施包括衣帽柜、鞋柜、储物格、签到柜等，功能为存放婴幼儿的衣服、奶粉、包等私人物品；运动区的设施包括运动器材、爬行垫等，功能为为婴幼儿开展游戏活动、提升身体素质提供场地和器具；阅读区的设施包括绘本柜、桌椅、小沙发、地毯等，功能为促进婴幼儿的语言发展、阅读能力提升；益智区的设施包括单层玩具柜、带扶手的桌椅等，功能为便利婴幼儿动手操作、探索等。

二、服务管理用房设计

（一）服务管理用房的基本配置

托育机构的服务管理用房包括保健室（有体检和健康观察功能）、办公室、前台、值班室、资源室等空间和区域。托育机构可依据开办类型和性质合理配置服务管理用房。

（二）服务管理用房的设计要求

托育机构应配齐各类必备的服务管理人员，包括机构负责人、专业照护人员、卫生保健人员、财务管理人员、保安人员等。这就需要托幼机构在环境空间的安排上，要考虑到满足各类服务管理人员的工作需要。

1. 保健室

保健室主要用于婴幼儿体检、一般伤势的处理、休息、隔离观察等。保健室需要有以下配置：观察床、桌椅、药品柜、资料柜、洗手池和洗涤池、体重秤、身高计、量床、国际标准视力表或标准对数视力表灯箱、体温计、手电筒、空间消毒装置和消毒液。

2. 办公室

办公室主要用于管理及行政人员办公、召开员工会议、集体备课、接待洽谈、打印、保存重要资料等。办公室需要有以下配置：办公桌椅、资料柜、打印机、电话等。

3. 前台

前台主要用于报名接待、缴费操作等。前台需要有以下配置：考勤机、电脑、电话、POS 机、办公文具等。

4. 值班室

值班室主要用于保安人员保卫执勤和来访登记。值班室需要有以下配置：桌椅、电警棍、防爆钢叉、钢盔、盾牌、防刺手套等，用于在紧急情况下及时保护婴幼儿与托育机构人员的安全。

5. 资源室

资源室主要用于存放日常所需的各种教具及耗材。资源室需要有以下配置：货架、桌子、文件夹、有收纳功能的柜子等。

三、供应用房设计

（一）供应用房的基本配置

托育机构的供应用房主要包括厨房、配餐间、保洁间、茶水间、卫生间等。托育机构需依据开办类型和实际使用情况配置供应用房。

（二）供应用房的设计要求

1. 厨房

厨房的功能是为在园人员提供餐饮服务，须按卫生保健要求和相关规定，进行厨房空间的规划并获得相关部门许可。厨房应设置粗加工区、烹饪区、备餐区、餐具洗消区。其中烹饪区须使用对食物无污染的炉灶，设有足够的操作台，能满足生熟分开的要求，有排烟、排气设施；配有食物专用留样冰箱，有专人管理和记录；配有合适的餐具消毒柜和储藏柜，以及加盖的垃圾桶、泔水桶等。

2. 配餐间

配餐间的主要功能是为婴幼儿提供简单餐饮的配备、分餐、奶瓶洗涤、餐具消毒、点心制作等，配餐间需要有以下配置：微波炉、电磁炉、洗手池、洗涤池、饮水装置、操作台、冰箱、消毒柜等。不自行加工膳食但提供午餐服务的托育机构需要与具有餐饮服务资质和配餐资质的公司签订相关餐饮服务合同。配餐要符合该年龄阶段婴幼儿的饮食特点与生长发育需要。

3. 保洁间

保洁间主要用于儿童衣物、毛巾的清洁烘干，以及机构清洁卫生打扫等。保洁间需要有以下配置：洗衣机、烘干机、吹风机、衣架及其他清洁用具等。

4. 茶水间

茶水间主要用于饮品供应等，需要有以下配置：饮水机、咖啡机、一次性水杯等。

5. 卫生间

卫生间需要有以下配置：洁具、卫生纸、成人及婴幼儿使用的马桶、洗手池、洗手液等。

推荐阅读

（1）国家卫生健康委关于印发托育机构设置标准（试行）和托育机构管理规范（试行）的通知 [Z]. 国卫人口发〔2019〕58 号，2019-10-08.

（2）洪秀敏 . 婴幼儿托育服务机构设置标准的国际经验与启示 [M]. 北京：北京师范大学出版社，2019.

（3）托儿所、幼儿园建筑设计规范（JGJ39-2016）（2019 年版）.

任务评价

（1）通过这次学习，你对托育机构的生活活动用房、服务管理用房、供应用房的功能和配置是否有了更深的认识？

（2）请你对本次任务进行评价。

学习评价表

主题	内容	优秀	良好	一般	较差	很差
学习态度	能准时参加全部课程，按时提交作业，及时查阅教师上传的学习材料	5	4	3	2	1
专业知识	了解托育机构生活活动用房、服务管理用房和供应用房的功能和设计要求	5	4	3	2	1
研讨精神	积极参与讨论，对其他人的发言能提出合理的分析和见解	5	4	3	2	1
团队协作	能很好地融入课堂小组讨论，共同推进学习进程	5	4	3	2	1
沟通交流	能够清晰准确地表达自己的观点，与他人交流时态度语气恰当	5	4	3	2	1
人文素养	能够关注建筑学人文知识，有意识地树立职业精神	5	4	3	2	1
信息素养	会检索常用的建筑学专业文献数据库，主动阅读建筑学文献	5	4	3	2	1
实践应用	能够运用所学内容对托育机构的空间进行设计	5	4	3	2	1
自我小结						

任务四

阅读文件与实地考察，分析托育机构的硬件设施与玩教具配置要求

任务描述

婴幼儿在与周围环境、与多种材料的互动中获得新经验和发展。完善齐备的硬件设施与丰富的玩教具可为高质量婴幼儿托育服务提供重要保障。托育机构的硬件设施分为室内和户外两种，包括家具类、电器类和其他设施设备类。室内设施应让幼儿感到安全、舒适、实用；室外实施应安全多样，具有一定的挑战性。托育机构应根据婴幼儿年龄特点、发展需求，提供安全适宜、数量充足的玩教具等，满足婴幼儿游戏和活动的需要。

工作表单

1. 实地观察记录，小组讨论，完成工作表单 1。
2. 分析案例，完成工作表单 2。
3. 小组实地观察，完成工作表单 3。
4. 观察记录，收集相关资料，完成工作表单 4。

工作表单 1

观察与记录

根据以下提示，实地考察一托育机构的室外设施情况，试分析其优点与不足。

托育机构名称：____________________ 观察时间：________________

观察要点：

1. 托育机构附近是否有花园、公园，可供婴幼儿观察、探索自然环境；
2. 户外活动区域（或者活动时间段）是否便于将婴幼儿分开；
3. 户外活动区域的设施是否清洁、安全；
4. 地面是否有软质材料（安全地垫）；
5. 日照区和阴影区是否均衡（主要是南方要注意避免夏季阳光直射）；
6. 是否有半开放、加顶的户外活动区域，以方便雨天的户外教学活动；
7. 是否有多种适合婴幼儿年龄阶段的体能活动设施；
8. 户外活动场地的排水是否良好；
9. 是否有供婴幼儿饲养（观察）小动物的地方；
10. 是否有供婴幼儿进行种植（观察）活动的区域。

工作表单 2

案例分析

13个月的桐桐会独立行走了，在早教中心，桐桐经常在活动室里反复走动，并尝试做各种活动，如踢球、绕着教室走、玩架子上的积木和玩具。他也常常停下来看其他孩子玩，偶尔也会在其他孩子旁边玩，妈妈也说“一刻都停不下来”。

对于像桐桐这样刚刚学会走路的幼儿来说，托育机构应在活动室内提供哪些设备？

工作表单 3

观察与记录

观察托育机构中某班婴幼儿的游戏区域，并记录游戏区域中的成品材料、自制和半成品材料有哪些。

游戏区域名称	成品材料	自制和半成品材料

工作表单 4

观察与记录

观察托育机构婴幼儿的玩教具与图书配备情况，尝试总结玩教具与图书类别，并详细记录各年龄段班级的玩教具与图书配备情况，分析其配备是否适宜。

班别（年龄）	玩教具	图书

学习支持

一、室外设施要求

（一）室外设施配置的基本要素

有室外场地条件的托育机构需配备相应的室外硬件设施。常见的室外场地配备有斜坡、滑梯、轮胎、平衡木、沙池、玩水区域、陶泥区等，同时，也可根据当地文化、民族特色等，因地制宜地充分利用相应资源，配备有特色的室外场地设施，例如隧道、野营区、民族文化桥等。托育机构应为室外场地做好整体的规划设计，既满足低年龄段婴幼儿的室外活动需求，又满足高年龄幼儿的探索欲望。

室外设施的配置要综合考虑以下三个方面的要素：

1. 设施的安全性

室外场地和设施完备齐全。空间应当通风良好，有充足的自然光照，温度适宜婴幼儿进行室外活动。室外设施及其材料要注重安全性，托育机构建筑使用的建筑材料、装修材料等均应符合现行国家标准，以确保婴幼儿身体健康。室外场地应保证地面平整，无尖锐突出物，采用环保软质防滑材料，游戏设备须坚固、安全、清洁，活动空间应当设置围护设施等，以满足婴幼儿活动的需求及保障他们在活动过程中的安全。

2. 设施的适宜性

室外设施应适宜 0 ～ 3 岁婴幼儿进行活动。同时，在保证安全性的同时，设施对于婴幼儿具有一定的挑战性。必须为婴幼儿配备适合其年龄特征的充足的玩具、促进婴幼儿动作发展的器械等，以确保有充足且适宜的室外设施供婴幼儿活动和游戏，并且能在一定程度上促进幼儿的学习与发展。

3. 设施的多样性

在室外活动场地充足的情况下，还需注重室外设施的类型多样，多方面促进婴幼儿身体动作、感知觉的发展。可以在室外环境中投放有趣、丰富的器械、玩具等，同时，鼓励婴幼儿利用设施进行大肌肉锻炼，例如球类、块状材料类等。身体运动有助于神经系统发育及智力开发，对于提升婴幼儿的智能具有重要作用。同时，婴幼儿的发展具有阶段性，年龄越小，发展的速度越快，不同年龄之间的发展水平差异很大。对于能够独立行走和活动的学步儿，应给予更多的活动空间，而对于仍在蹒跚学步的婴儿，可以适当缩减活动面积，更为注重提供丰富、多样的设施以支持婴儿的发展①。

---

① 洪秀敏．婴幼儿托育服务机构设置标准的国际经验与启示[M]．北京：北京师范大学出版社，2019

（二）室外设施的注意事项

室外设施的整体设计，应考虑到室外活动场地的要求和相关标准。托育机构宜设专用室外活动场地，面积不宜少于 60 平方米，各班活动场地之间宜采取分隔措施。室外公共活动场地人均面积不宜少于 2 平方米。计时制托育机构每班室外专用活动场地不宜少于 40 平方米。托育机构的室外场地及设施设备需符合《托儿所、幼儿园建筑设计规范》（JGJ39-2016）的有关标准。全日制、半日制托育机构严禁种植有毒、带刺、有飞絮、病虫害多、有刺激性的植物。

室外活动是婴幼儿发展不可或缺的活动类型，阳光、空气、沙、水、绿树和各类小中型器械等，都是婴幼儿对室外活动充满兴趣、探究欲望、好奇心的理由。通常室外空间环境大致可分为器械区、玩沙区、玩水区、动植物区、推车区等，创设时应尽量集身体锻炼、发现探究、认知为一体，并为不同年龄的婴幼儿提供有针对性的环境和材料支持。

对于年龄较小的婴儿，需要为其提供围起来的空间，建立安全感，并且有柔软的草坪、舒适的垫子，方便婴儿任意抓取、踢动或翻滚。或提供适合婴儿的座椅或秋千，方便婴儿在成人陪护下从较高的角度安全地观察室外环境，同时，应有树荫或遮蔽物，方便婴儿休息和游戏。对于较大的婴幼儿，在进行室外活动时，需提供席垫、纸箱、栏杆、推车等，方便婴幼儿坐、爬、站立或走，或者提供玩沙工具、轮胎等，尽可能满足 1 ～ 3 岁婴幼儿的室外活动好奇心、探究心，鼓励婴幼儿进行跑、跳、爬、推、拉、拖等基本身体锻炼。

室外设施尽可能丰富，有童趣。提供各种材质和大小的球、骑行玩具、手推车、填挖类玩具、大型积木、纸箱、塑料箱、玩沙玩水工具、矮秋千等。同时，注重为陪同婴幼儿进行室外游戏和活动的成人，提供舒适、亲近、温馨的环境，例如树荫下放置柔软的坐垫，方便家长和保教人员照顾、陪伴、引导婴幼儿。

二、活动室环境与区域材料

（一）活动室环境的特点

1. 安全性

设计托育机构活动室的环境时，要考虑到场地的安全性，保证活动室的光线、色彩、温度、湿度、通风等条件对于婴幼儿是安全的。例如避免出现细小物件，家具要稳固，窗户护栏的间距符合标准以防婴幼儿被卡住，等等。

2. 自主性

在婴幼儿室内活动、游戏中，可以将收集材料、选择材料、创设环境的过程作为婴幼儿学习和参与社会交往的过程，通过环境的创设让婴幼儿乐意自己动手操作。同时，要把主动权交给他们，让他们自主选择、使用材料和创设环境，无论室内还是室外，环境都应满足婴幼儿各种活动和游戏的需要。

3. 开放性

托育机构通过整合教育资源，根据婴幼儿现阶段的身心发展特点和学习兴趣等，创设让婴幼儿看得见、摸得着、便于其根据自己的需要有选择地进行自主活动的活动室环境。应突破传统教育中婴幼儿处于被动、静止状态的局面，提供可供婴幼儿操作的丰富材料，让他们在与环境的相互作用中主动地得到发展。

4. 趣味性

活动室环境布置应考虑婴幼儿的需要和兴趣，结合他们的生活经验，让活动室的玩教具、环境等具有很强的吸引力。教师应不断为婴幼儿提供更适合他们的年龄特点、兴趣特点、好奇心、探索欲望和促进他们向更高水平发展的活动环境。

5. 美观性

托育机构要重视整体环境的美观与温馨，整体的环境色彩要和谐统一，避免强烈的色彩对比，例如墙面应设计颜色协调的软包，家具也需要注意整体的色彩搭配，注意为婴幼儿营造健康、积极、令人信任和易产生依恋感的环境。

（二）区域设置与材料准备

托育机构的区域设置应根据婴幼儿的年龄特点和兴趣进行，一般有阅读区、大肌肉运动区、生活区、益智区、艺术区、建构区、扮演区等。在进行材料准备的同时，也应考虑到丰富的材料有利于婴幼儿获得更丰富的游戏活动体验，生成新的经验。

阅读区为婴幼儿的语言发展提供丰富的刺激，托育机构应该鼓励婴幼儿发展语言技能，成人多说并倾听幼儿的语言。应将阅读区安排在一个较安静的地方，远离干扰；有大和软的枕头、垫子，以及婴幼儿可以坐的沙发；放置一些布偶和照片；放置一些布、纸板或塑料材质的图书，让婴幼儿看和触摸，激发他们进行阅读、表演的兴趣。

大肌肉运动区是常用的区域，通过一些游戏，婴幼儿可以锻炼身体的大肌肉和协调、平衡能力。在计划活动的时候，要考虑最大限度地保证所有孩子的安全。室内的大肌肉运动区包括以下材料：大块的乙烯垫子、立方体、坡道和泡沫隧道、摇摆船、摇椅、木马和小三轮车、有缓坡和阶梯的低攀爬设施等。户外区域包括以下材料：大个的木质或纸板盒子、小推车、结实的三轮车、小汽车、桶、隧道、橡胶轮胎、沙坑、若干铁铲、球、有安全带的秋千等。

生活区主要是锻炼发展婴幼儿的自我服务能力和服务、照顾别人的能力的区域，这个区域强调婴幼儿要注意消毒，要学会穿脱鞋子、穿脱衣裤，完成擦桌子、扫地等卫生清洁工作，此外，教师也可在此区域投放有趣且锻炼精细动作的玩教具。

益智区是以开发婴幼儿智能、提高婴幼儿的认知能力为目标的区域，可准备材料包括积木、拼装玩具、拼图、算术玩具等。

艺术区是以提高婴幼儿对美的感知、对美术活动的兴趣，增强他们的小肌肉发展水平，帮助他们掌握基本的涂鸦能力为主要目标的区域。其中美工区材料包括各种材质的纸、油画棒、颜料、油泥及模具等。

建构区主要用以帮助婴幼儿体验建构的乐趣，提高婴幼儿的拼搭和建构能力，材料应提供大小不一、色彩鲜艳的积木和木块等。

扮演区是婴幼儿扮演某种角色，以促进其社会性发展的游戏区域。常见的扮演区主要有娃娃家、超市、医院和小舞台。其中材料包括仿真厨具、仿真蔬菜水果、仿真餐具、仿真超市货架、仿真医院设施、废旧纸盒、衣物、仿真话筒、摇铃、打击乐器等。

三、玩教具与图书配置

（一）托育机构的玩教具配置要点

1. 为不同年龄婴幼儿选择玩教具的要点

好的玩教具不仅能很好地开发婴幼儿的智力，还能促进婴幼儿的感知觉发展及认知力、创造力发展等。但如果选择玩教具时不考虑婴幼儿的年龄发展特点，那么再好的玩教具也可能会对婴幼儿的发展产生反作用。可参考表3.4.1，根据婴幼儿的年龄发展特点，注意玩教具的选择要点。

表 3.4.1 各年龄段婴幼儿发展特点及玩教具选择要点

年龄段	该年龄段婴幼儿发展特点	玩教具选择要点
0 ~ 3 个月	出生不久的婴儿十分乐于学习和探索周围的世界，他们的探索活动逐渐从偶然的发现发展到有意识的活动；婴儿感觉能力也得到进一步发展，眼睛的调节功能增强，能看清较远和较近的物体；耳朵的灵敏度提高；见到父母和有趣的东西会微笑	造型优美且外形有趣、色彩鲜艳的旋转吊饰；能促进婴儿视听协调发展、会发出悦耳声音的玩教具
4 ~ 6 个月	这个年龄段的婴儿感知能力进一步加强，双手功能有了提高；拿到东西就会抓住不放；已经会翻身；活动范围逐渐扩大，听到大人讲话会发出“嗯”“啊”的声音；开始认生	可以帮助婴儿提高身体协调能力的，能发声、能动和质感不同的玩具；有利于发展婴儿的感知能力、锻炼婴儿双手抓握能力的玩具；有利于发展婴儿的身体动作（翻身、俯卧、抬头、支撑胸部）的玩教具；等等
7 ~ 9 个月	体能有了进一步发展；能够自己坐起来，能灵活爬行，也许还能够站起来；看见熟悉的人会把手伸出来要人抱，喜欢和大人“躲猫猫”；会用手、膝着地爬行，看到东西伸手就去抓，近物远物都看得见；能听懂成人的简单提示；开始牙牙学语	有利于培养婴儿认识能力的玩具，经得起婴儿甩、敲的玩具，帮助婴儿练习坐和爬行的玩教具
10 ~ 12 个月	已会站立，迈开脚步要学走路，小手喜欢抠洞穴，会认五官；不仅认识常见的人和物，对自己感兴趣的东西能有较长时间的观察，也会用手势和声音对观察到的事物做出不同的反应；会模仿观察到的某些动作和声音；开始用面部表情、手势等和成人交往，希望更多地与别人交流	有利于促进婴儿语言、认知能力、动手能力发展的玩教具，有利于促进婴儿站立和行走的多功能玩教具，能锻炼婴儿的认知和行动能力的动态玩教具
1 ~ 2 岁	这个年龄段的幼儿的手指灵活性有了很大提高；有了自己的思想，能够根据看到和听到的东西进行判断	能促进幼儿思维发展的玩教具，促进其感知觉和认知能力发展的玩教具，促进其动作发展的玩教具，训练幼儿手部精细动作发展的玩教具，促进其语言能力发展的玩教具
2 ~ 3 岁	有了自我意识，很多事情喜欢自己操作和探索，简单的玩具已经不能满足他们的兴趣和探索需求	早期启蒙玩教具，能激发幼儿跑、追、摇、扑、跳的玩教具，稍微复杂、能启发他们主动性和创造性的玩教具，发声、发光、耐摔且要富有创造性的玩教具

2. 促进婴幼儿各项能力发展的玩教具分类及配置要点

托育机构的玩教具配备，要以玩教具的安全性为前提。2014 年，我国发布 2014 版 GB 6675 系列标准，制定了 GB 6675.1-2014《玩具安全 第 1 部分：

基本规范》，提出玩具基本安全要求，因此，托育机构所配备的玩教具要符合《国家玩具安全技术规范（GB 6675-2014）》。全日制托育机构与半日制、计时制托育机构选择配备玩具也应当考虑科学、适用、种类丰富齐全等情况，以满足婴幼儿游戏与探究的需要。

托育机构在为班级分配玩教具时，第一，要根据婴幼儿的年龄特点和玩教具数量进行科学分配；第二，班级玩教具配置也应考虑婴幼儿精细动作和大肌肉动作发展的差异，尽可能地促进婴幼儿各类动作的发展，以满足不同个体的发展需求；第三，应依据学期婴幼儿发展需要，有目的、有计划、有针对性地提供玩教具，如每月调整 1 ～ 3 次玩教具等；第四，托育机构应根据婴幼儿课程需求，配备组织活动所需要的玩教具。

按照促进婴幼儿各项能力发展，可对玩教具进行以下分类：

（1）促进精细动作发展的玩教具：手摇铃、布球、沙包、百宝箱、由大至小的套圈圈、小型积木、可以装填和倾倒的容器、有盖子的纸箱、大型木制串珠、鞋带、各种带盖的瓶子、形状分类盒、木制和橡胶制的拼图等。

（2）促进大肌肉动作发展的玩教具：三轮车、脚踏车、手推车、攀爬架和滑梯、大轮胎、推拉功能的玩具、跷跷板、摇摇船、轮胎秋千、大纸箱、爬行垫、玩具汽车、各种大小的球等。

（3）促进注意力发展的玩教具：懒人椅、各种材质的书、软垫、沙发、画笔、纸等。

（4）探索形状、大小和平衡的玩教具：空心和木制的形状认知积木、橡皮泥、小汽车和卡车玩具、由大至小的套圈、镶嵌积木、摇摇车、平衡木、跷跷板等。

（5）促进感官发展的玩教具：铃铛、小鼓、抓握玩具、镜子、感觉箱、沙水桌、面团、彩泥、黏土、手指画颜料、蜡笔、纸、口琴、笛、吉他、敲击材料、布料等。

（6）激发戏剧扮演的玩教具：柔软的娃娃、玩具娃娃床、玩具电话、仿真医药箱、交通工具模型、塑料灶具等厨房玩具、帽子和简单的装扮衣物等。

（二）托育机构的图书配备要点

在为婴幼儿选择图书时，需要注意以下方面：第一，图书的纸张厚度要适合婴幼儿，不易撕坏；第二，纸张不应出现反光的现象；第三，图书中的图画和色彩搭配应符合婴幼儿认知特点，单幅单画，且画面色彩和谐，具有美感；第四，画面内容应适合婴幼儿阅读。

托育机构应依据不同年龄段婴幼儿的特点和需求，配备适宜的、不同材质的、数量充足（不少于 10 个种类，人均 3 册以上）的图书，并配备数量足够的开放式书架及桌椅。如表 3.4.2。

表 3.4.2 各年龄段婴幼儿图书选择要点

年龄段	选择该年龄段婴幼儿图书的要点
3 个月左右	随着婴儿渐渐成长，当他们开始牙牙学语和抓东西时，对阅读和讲故事两件事情会变得比较主动
4 ~ 6 个月	看书有时候变成了咬书、甩书、打书、闻书或观察书。这个年龄段的婴儿需要耐用的书，可以选择布制书、封面为软塑料的书或加护封的书。这个年龄段的婴儿似乎偏爱插图大且色彩丰富的书
6 ~ 8 个月	很喜欢翻书，为了鼓励婴儿阅读，可以选择用厚纸板做成的书，这样婴儿翻书就会很容易
9 ~ 12 个月	看的书应该有婴儿这一年龄段可以轻易辨认出的物体，他们会根据内容挑选书
12 ~ 18 个月	喜欢主题和信息简明扼要的图画书，喜欢内容重复、词向押韵的书
18 ~ 36 个月	喜欢听情节简单的故事，该年龄段幼儿喜欢那些和他们过着类似生活的儿童与动物的故事

推荐阅读

（1）国家卫生健康委关于印发托育机构设置标准（试行）和托育机构管理规范（试行）的通知 [Z]. 国卫人口发〔2019〕58 号，2019-10-08.

（2）托育机构建设标准（征求意见稿）[Z]. 国家卫生健康委规划司，2021-12-23.

（3）洪秀敏 . 婴幼儿托育服务机构设置标准的国际经验与启示 [M]. 北京：北京师范大学出版社，2019.

（4）杨蓉 . 托幼一体化的教师实践 [M]. 南京：江苏凤凰少年儿童出版社，2015.

（5）卡罗尔·格斯特维奇 . 发展适宜性实践：早期教育课程与发展（第 3 版）[M]. 霍力岩，等，译 . 北京：教育科学出版社，2011.

任务评价

（1）学习完本节课的内容，假设你要尝试开办一所托育机构，你打算如何做好托育机构的硬件设施、玩教具与图书配置呢？

（2）请你对本次任务进行评价。

学习评价表

主题	内容	优秀	良好	一般	较差	很差
学习态度	能准时参加全部课程，按时提交作业，及时查阅教师上传的学习材料	5	4	3	2	1
专业知识	了解托育机构的室外设施、活动室环境与区域材料、玩教具与图书配置要求	5	4	3	2	1
研讨精神	积极参与讨论，对其他人的发言能提出合理的分析和见解	5	4	3	2	1
团队协作	能很好地融入课堂小组讨论，共同推进学习进程	5	4	3	2	1
沟通交流	能够清晰准确地表达自己的观点，与他人交流时态度语气恰当	5	4	3	2	1
人文素养	能够关注建筑学、婴幼儿发展心理学人文知识，有意识地树立职业精神	5	4	3	2	1
信息素养	会检索常用的建筑学、婴幼儿发展心理学专业文献数据库，主动阅读发展心理学文献	5	4	3	2	1
实践应用	能够运用所学内容，布置托育机构活动室环境，为婴幼儿配置玩教具与图书	5	4	3	2	1
自我小结						

项目四

托育机构的师资建设及管理

项目目标

1. 了解托育机构人员的构成，各岗位的设置和职责。

2. 了解托育机构教师的选聘要求、培训内容、考核方式、考核要求。

3. 了解托育机构教师应具备的专业素养，掌握托育机构师资建设及管理策略。

学习重难点

学习重点：

1. 托育机构人员的构成，各岗位的设置和职责。

2. 托育机构教师的选聘要求、培训内容、考核方式、考核要求。

学习难点：

托育机构教师的基本素养，托育机构的师资建设及管理策略。

思维导图

- 托育机构的师资建设及管理
  - 托育机构的人员架构与岗位职责
    - 托育机构人员基本组织结构
    - 托育机构岗位设置与职责要求
  - 托育机构的师资管理
    - 托育机构教师
      - 托育机构教师类型
      - 托育机构教师角色定位
    - 托育机构教师管理
      - 教师管理理念
      - 托育机构教师招聘管理
        - 托育机构对教师的要求
        - 托育机构教师职业标准
        - 托育机构教师招聘渠道
        - 托育机构教师招聘流程
      - 托育机构教师培训管理
        - 托育机构教师培训内容
        - 托育机构教师培训方法
      - 托育机构教师考核管理
        - 托育机构教师考核方法
        - 托育机构教师考核主体

任务一

学习相关政策文件，了解托育机构的人员构架与岗位职责

任务描述

人员构架、岗位设置及职能规范是托育机构运行的基本条件，也是影响托育机构发展的关键因素。因此，托育机构一方面要建立合理高效的管理部门，科学配备人员，明确岗位职责，提升各部门间的协同工作效率；另一方面要加强师资建设和管理，提升从业人员专业素养，保障服务质量，赢得社会与家庭的认可。

结合工作表单，讨论托育机构的人员构架与岗位职责。

工作表单

工作表单

小组讨论

扫码阅读《托育机构设置标准（试行）》第四章人员规模相关要求，小组讨论分析托育机构人员构架及岗位职责要求。

《托育机构设置标准（试行）》人员规模相关要求

学习支持

一、托育机构人员基本组织结构

组织结构自古以来就存在，随着社会的发展，逐渐成为一门学科和研究领域。组织结构是表现组织各部分排列顺序、空间位置、聚集状态、联系方式以及各要素之间相互关系的一种模式。[①] 科学管理之父泰罗在《科学管理原理》一书中提出了职能制组织理论。职能制组织是指对企业组织成员按职业工作的性质进行分工而建立的组织部门，每个组织部门完成对应的工作，

① 黄瑞峰．现代企业制度下农行组织结构的优化设计[J]．农金纵横，2002（1）：16-19

以提高工作效率。由此产生了职能部门化，即根据业务活动的相似性来设立部门。职能部门化是一种传统的、普遍的企业组织形式。

托育机构作为一个组织，应根据业务需要来设立组织部门，一般分为保教部、市场部、行政部、财务部和后勤部。保教部负责教师和保育员的培训，保障教学的正常进行。市场部负责市场调研、产品与服务推广销售。行政部负责公司人员招聘、文件传达、内勤管理等工作。财务部负责机构账务与现金流。后勤部负责清洁、安全、膳食等工作。部门是由员工组成，员工之间有上下级之分。保教部下设保育部长和教育部长、保育员以及教师四个岗位。市场部的人员架构分为部长和顾问；行政部下设行政人事主任、顾问；财务部下设部长、出纳和会计三个岗位；后勤部设置保洁、保安、炊事员。

二、托育机构岗位设置及职责要求

（一）保教部的主要职能

1. 保育部长的岗位职责

（1）完成保教部的各项任务，协助制定机构运营政策；（2）制定保育员的培训计划和管理制度，并监督实施；（3）制定保育工作计划并监督实施，督检保育员履行岗位职责；（4）定期组织保育工作会议，及时解决保育问题，保障保育工作的正常开展；（5）有计划地带领保育员实现自身技能的提升；（6）定期检查教室的清洁工作，保障幼儿的健康；（7）认真钻研保育工作，实现自我提升。

2. 教育部长的岗位职责

（1）完成保教部的各项任务，协助制定机构运营政策；（2）联合保育部制定每学期每个月的教学工作计划并监督实施；（3）根据教学主题及活动方案有计划地进行环创工作；（4）定期组织教育工作会议，针对出现的教学问题探讨并及时解决，保障保育工作的正常开展；（5）制定教师的培训计划和管理制度并监督实施；（6）定期开展教研以及教学分享会议，提升教师的工作能力，提高课程质量；（7）组织、指导教师总结经验，上好优质课程，开展评比工作；（8）组织并策划大型活动及品牌推广活动中的教学配合工作；（9）团结教师，调动教师工作积极性，培养团队协作精神；（10）确保教学过程中无授课事故；（11）负责保育部教具的维护工作，定期统计损坏教具并向行政部提交采购清单。

3. 教师的岗位职责

（1）热爱事业，具有良好的职业道德规范；（2）按教学计划准备课程，依据教案准备课堂活动，熟悉活动开展形式，保证授课质量；（3）保障婴幼儿在中心的安全；（4）维护和管理教室及教具，每日下班之前清点所负责教室的教具；（5）定期参加工作会议，探讨教学问题；（6）积极参加各项培训，提升自身的教学能力；（7）积极主动地接待家长，向家长传达科学的育儿观念，传授科学育儿方法，保持良好的家园关系；（8）积极做好婴幼儿的回访及关系维护工作；（9）组织与支持托育机构每月的主题活动与户外推广活动等。

4. 保育员的岗位职责

（1）严格执行卫生、安全制度，做好婴幼儿的卫生保健工作；（2）负责婴幼儿的一日生活，根据天气变化适当为婴幼儿增减衣物，提醒婴幼儿喝水，帮助婴幼儿如厕；（3）定期对婴幼儿的水杯、毛巾、玩教具等消毒并做好记录，定期清洗窗帘、被褥、毛巾等；（4）每日开窗通风，保持空气流畅；（5）保持教室的干净整洁，如教室地面、桌面、杯架、柜子等；（6）管理婴幼儿的午睡，及时关注婴幼儿午睡情况，保障婴幼儿较好的睡眠水平；（7）下课后及时关闭教室的灯及空调。

（二）市场部职能

（1）协助制定年度营销目标与计划，将目标任务细分至季度、月度、周、天及个人；（2）负责对外部市场信息、资料进行收集、分析；（3）负责招生工作，根据收集的信息联系家长、安排试听课；（4）策划全年的推广活动并布置现场，吸引顾客；（5）维护和家长的良好关系，销售课程；（6）策划与组织推广活动，对礼品进行需求提报、审批后购置、发放及核销。

（三）行政部职责

（1）全面负责行政、人力资源管理工作；（2）健全并完善各项行政、人事规章制度，规范岗位作业流程；（3）根据机构发展战略规划，拟定行政、人事整体工作规划及整改方案；（4）对来访人员进行登记，并准备茶水，联系接待的同事；（5）做好电话接听登记工作，对来电礼貌回答，并询问来电人员的需求，如有需要安排试听课；（6）对来上课的婴幼儿进行登记，并协助教师联系没有来上课的婴幼儿；（7）负责报名婴幼儿的收费工作，熟悉收费明细及流程。

（四）财务部职能

（1）负责建立会计核算制度体系；（2）按期做好年、季、月度财务报表，做到账表相符、账证相符、账账相符；（3）负责托育机构成本和销售的核算工作，制定和实施成本控制措施，进行费用预测、计划、控制、核算、分析和考核；（4）负责对各部门资金使用计划进行审核，对资金使用情况实施监督，管好用好资金；（5）严格执行财务管理规定，审批报销各种发票单据；（6）对公司经济活动进行财务分析，向总经理提供综合性财务分析报告，根据工作需要向部门提供专项财务分析报告。

（五）后勤部的职责

（1）负责托育机构的安全，外来闲散人员和未登记车辆未经许可不能进入，除非提前预约并做好登记，对事先预约人员也要检查其相关证件后再放行；（2）遇到突发情况及时处理，情况严重立马报警；（3）上课期间婴幼儿因特殊原因离开机构要及时联系其教师，询问情况，教师同意方可放行并做好登记；（4）膳食要符合婴幼儿的身体发展特点，合理搭配，营养丰富；（5）采购婴幼儿的食材，食材要求新鲜无害，保留发票；（6）根据时节制定食谱，每餐的食物留样以备检查；（7）定期消毒打扫并检查厨房，保障婴幼儿饮食健康；（8）定期检查机构安全工作，发现安全隐患及时处理。

推荐阅读

国家卫生健康委关于印发托育机构保育指导大纲（试行）的通知 [Z]. 国卫人口发〔2021〕2 号，2021-01-12.

任务评价

（1）学习完本节课的内容，假设你是托育机构的管理人员，你打算如何做好部门设置和人员构架？

（2）请你对本次任务进行评价。

学习评价表

主题	内容	优秀	良好	一般	较差	很差
学习态度	能准时参加全部课程，按时提交作业，及时查阅教师上传的学习材料	5	4	3	2	1
专业知识	了解托育机构人员的构成、各岗位的设置和职责	5	4	3	2	1
研讨精神	积极参与讨论，对其他人的发言能提出合理的分析和见解	5	4	3	2	1
团队协作	能很好地融入课堂小组讨论，共同推进学习进程	5	4	3	2	1
沟通交流	能够清晰准确地表达自己的观点，与他人交流时态度语气恰当	5	4	3	2	1
人文素养	能够关注托育发展的相关文件，拓展知识	5	4	3	2	1
信息素养	会检索常见的文献数据库，主动阅读相关文献	5	4	3	2	1
实践应用	能够准确描述托育机构的组织架构，根据相关资料分析各个岗位的职责	5	4	3	2	1
自我小结						

任务二

根据托育机构教师职业标准，掌握托育机构师资建设与管理策略

任务描述

托育机构要获得可持续、稳健的发展，师资队伍的建设和管理是关键。要打造一支高质量的保教队伍，离不开托育机构对教师的有效管理，主要包括对教师的招聘、培训和考核等。

1. 扫码观看视频，完成工作表单 1。
2. 参照托育机构教师职业标准，完成工作表单 2。
3. 根据工作表单 3，小组合作设计一份招聘广告。
4. 分析案例，小组合作制定一份培训方案。

工作表单

工作表单 1

小组讨论

托育机构教师工作剪辑

扫码观看视频，小组讨论：你认为托育机构的教师应当扮演哪些角色？

工作表单 2

材料：英国《早期教育专业教师身份标准》

确立托育机构教师职业标准是托育机构教师专业化的重要保证。很多发达国家已经建构了完整的托育机构教师职业标准体系，规定了教师应当具备的知识和能力结构。如 2012 年，英国政府颁布了《早期教育专业教师身份标准》，共设定了帮助 0 ～ 5 岁婴幼儿健康成长和发展、与婴幼儿直接开展工作并与家庭紧密合作等 8 项标准领域，每项领域下皆设置了具体的子标准。[①]

根据上述内容，谈谈托育机构教师应该具备哪些核心素养。

工作表单 3

小组讨论

随着我国托育服务事业的发展，托育机构的质量备受社会各界的关注，影响家长对托育机构的选择。教师素质及其专业性是影响托育机构质量的关键。如果你是托育机构管理者，在进行教师招聘时，你更关注哪些应聘者的哪些素养？小组讨论，设计一份托育机构的招聘广告。

托育机构的招聘广告

① 参考：胡恒波．英国早期教育教师标准的价值取向与改革趋势[J]. 外国教育研究，2014，41（8）：46-53

工作表单 4

案例分析

这是一份关于托育机构新入职教师的访谈内容：

A：我不太擅长和家长沟通，每次和家长聊天我都很紧张，特别是在家长向我咨询一些课程的时候。

B：托育机构的孩子太小了，还会哭哭闹闹，我不知道怎么和他们沟通。

C：家长会特意观看教师组织教学活动，导致教师在活动组织上特别不自信。

请你想一想，你要制定一份怎样的培训计划来解决这些老师的烦恼。

时间	内容	目的	形式

学习支持

一、托育机构教师

托育机构教师是指具备 0 ～ 3 岁婴幼儿托育专业知识与技能，能够为 0 ～ 3 岁婴幼儿提供综合且规范化的托育服务的专业人员。① 托育机构教师是托育服务的主体，建设一支高质量的托育师资队伍是提升机构教育质量，推动我国托育服务事业可持续发展的关键。

（一）托育机构教师类型

1. 育婴员

育婴员是在 0 ～ 3 岁婴幼儿家庭从事婴幼儿日常生活照料、护理和辅助早期成长的人员。根据国家职业技能标准，育婴员分为五级 / 初级工、四级 / 中级工、三级 / 高级工共三个等级。每个等级的申报条件及工作要求不一，高级别涵盖低级别的要求。

① 参考：崔诗琦．我国 3 岁以下婴幼儿早期教育教师职业标准体系研究 [D]. 上海：华东师范大学，2020

资料链接

扫码观看《国家职业技能标准：育婴员（2019年版）》相关内容。

《国家职业技能标准：育婴员（2019年版）》各等级申报条件

2. 早教指导师

早期教育指导师是掌握科学的0～3岁婴幼儿发展规律和特点，为0～3岁婴幼儿及其家长提供服务和指导，负责0～3岁婴幼儿的生活照料、护理、教育及潜能开发指导，帮助家长科学育儿的专业人员。

（二）托育机构教师角色定位

1. 示范者

教师除了为孩子示范教具和正确的操作方法外，更重要的是成为环境中的行为示范者，即榜样。教师要注意自己的言行举止，做到言传身教。0～3岁婴幼儿处于无意识学习阶段，他们通过视觉、听觉来模仿、学习，教师的仪表、体态、动作、语言、表情是婴幼儿的主要关注对象和信息来源。同时，家长也需要根据教师的示范指导，来掌握相关知识和技能，落实教育理念。

2. 组织者

与幼儿园教师、婴幼儿两个主要教育参与者“两点一线式”的作用形式不同，托育机构增加了家长作为重要的教育参与者，于是就将教育变成“三点（因素）”“三条线”，形成了一个复杂的“教育场”。教师在保教活动中主要起到衔接、组织、主持、协调的作用。此外，教师还要注意把空间转给家长，懂得适时“后退”，尽量让家长和孩子发挥主体作用。

3. 观察者和协助者

观察是了解孩子的首要途径。蒙台梭利要求“蒙台梭利教师必须发展自己对观察儿童的意欲与能力”，而教师应观察的“不是儿童外表的成长与活动，而是这些成长及活动的内在的协调情形”。教师根据观察结果，即能给予婴幼儿适当的协助和引导。而唯有成为观察者，才能耐心等待，不干涉婴幼儿，让婴幼儿自动显现他的需求。教师要注意细节，在热闹的活动背后，洞察每个婴幼儿、家长的喜怒哀乐、言谈举止，“一个都不能少”，及时发现问题、解决问题。

4. 咨询者、启发者、鼓励者

教师因为自己的专业知识与技能，理应成为家长在教养孩子方面的咨询者，能为家长解答各种婴幼儿行为方面的问题和困惑。在组织保教活动的过程中，教师是促进婴幼儿发展的启发者和鼓励者，能透过情景布置、实物观察、语言引导、同伴互动来引发婴幼儿的学习动机，要多给他们以肯定和鼓励，让他们不断地探究和尝试，促进其认知、语言、动作和社会性等方面的发展。

5. 爱的传递者

教师要爱每个孩子，满足其心理的需要。只有充满“爱和自由”的环境，才能真正让婴幼儿全身心融入。要为婴幼儿营造一个安全的硬件环境、安全的心理环境，建立安全的规范与要求，并要掌握一定的情绪障碍婴幼儿的应对措施。教师更要爱每个家长，理解家长对孩子的感情，以及对亲子园的许多不恰当的反应。因为做教育是用“心”的交流，如果“心”与“心”产生了距离，是没有办法“碰撞”出火花的。

6. 反思者

教师既要自我反思，又要成为反思的主人。随着教育的不断改革与发展，成为一名反思型教师成为教师专业成长与发展的目标。教师针对自己的教学目标、内容、方式方法等方面进行深入的思考才能提高教育质量，更好地促进婴幼儿的发展。

7. 机构与家庭、社区的沟通者

托育机构是家庭和社会之间联系的桥梁与纽带，是实现“教育社会化、社会教育化”的载体。托育的目标就是使家园合一，教师必须时常与家庭、社会联络沟通，改变家长与社会的传统教育观念。

8. 关系的协调者和促进者

在托育机构中存在着复杂的人际关系，如婴幼儿同伴关系、师幼关系、家长间关系、同事关系等。教师在各类关系中处于主导地位，应协调各方关系，促使各方团结协作，形成教育合力，提升教育的质量。

二、托育机构教师管理

所谓管理是指通过计划、组织、控制、指挥、协调等职能的发挥，充分调动和利用组织内的各种资源，协调组织内各个成员的行为，从而以尽量少的投入实现组织目标的活动和过程。而教师的管理是一种人事管理，是对教师的培养、使用、激励、评价、惩罚等方面进行计划、组织、控制、指挥和协调。①

（一）教师管理理念

1. 人本管理理念

人本管理理念强调一切以人为本，重视人的权利，强调人的主观能动性，

① 朱超华．教师核心能力发展与教师管理模式变革的研究[D]．广州：华南师范大学，2006

将人作为一种重要的资源，充分发挥人的潜力，引导员工积极参与组织管理，将员工的发展与组织发展紧密联系。在实施管理的过程中，需要遵循个性化发展准则、引导性管理准则、环境创设准则和共同成长准则。

2. 自主管理理念

在托育机构的运行中，管理者处于主体地位，不可忽视的是教师也应当处于主体地位，即“双主体地位”，两者围绕着共同的目标发展，实现利益的共赢。在托育机构的教师管理中要承认教师主体性，尊重教师主体性的发挥，调动教师自觉、主动、积极的意识，实现教师的自主管理，实现教师的价值，尽最大可能地发挥教师的核心能力，这也是教师自我发展的内在动力。

3. 柔性管理理念

与依靠“发号施令”刚性管理教师的方式不同，柔性管理更强调教师主动性、内在潜力的激发，是非强制性的。人都有人之为人的目标，正如马斯洛在需求层次理论中所说，教师也想满足最高层次的需要，即自我实现的需要。柔性管理能够将外在的条件转化为内在驱动力，激发教师的潜力和才能，让教师能在自我实现中获得满足。

（二）教师招聘管理

为了促进托育机构的发展，大部分托育机构都会面向社会进行公开招聘，并设置相应的教师岗位，根据专业知识、专业理念等设置岗位要求，聘任上岗后，通过签订劳动合同，明确教师的权利和责任。想要招到合适的教师，就要先拟定相匹配的要求，主要包括教师自身的素质及专业知识、专业技能水平，特别是有工作经验者，能更快地适应工作。

1. 托育机构对教师的要求

（1）有相关从业经验，熟悉 0 ～ 3 岁婴幼儿心理发展、生理发育、卫生保健和教育等相关知识，以及家庭生活等社会经验，了解婴幼儿的年龄特点。

（2）善于和家长沟通、配合，以自己的态度、行为感染孩子和家长，提供有针对性的指导和优质服务。

（3）富有激情，有较好的心理素质和应变能力，能根据家长的需求调整环境和活动。

（4）勤于实践、敏于反思，做一个学习型、反思型、研究型的专业教师。可以走出去（短期），也可以请进来，但主要靠自己钻研、相互模拟教学等途径不断提高。

（5）有爱心，态度亲切，随时关注每个孩子的需要；有亲和力，能创设温馨且安全的环境。

（6）具备相当的项目运作能力（市场定位、环境创设与维持、招生宣传、接待咨询、家长工作），能全盘考虑，独当一面。

（7）有较高的审美水平和艺术修养，衣着装扮、言谈举止得体大方，姿态优雅，能随时保持机构环境温馨、整洁有序。

资料链接

扫描二维码，通过案例，了解托育机构教师招聘要求及工作要求。

托育机构教师招聘、教师工作要求范例

2. 托育机构教师职业标准

目前，我国托育机构教师队伍还存在人员缺口大、专业化水平较低、教师缺少必备的专业知识和能力、人员流动性大等问题，托育机构想要改变这种现状，就要明确托育机构教师的职业标准，选择更加合适的教师，提升托育机构教师队伍的素质。

2018 年 10 月，中国标准化研究院等发布了《全日制婴幼儿托育机构服务规范》，其中要求托育机构教学人员要具备以下条件之一：（1）持有幼儿园教师资格证书；（2）具有学前教育专业中专以上学历；（3）具有中专以上学历，并通过国家统一组织的、用于申请幼儿园教师资格的教育学和教育心理学补修考试；（4）具有中专以上学历，并完成教育学和教育心理学课程学习或者接受过从事早期教育服务活动有关的系统培训。①

研究者崔诗琦（2020）② 参考美国、日本、澳大利亚等发达国家对托育机构教师从业资格、能力结构的研究，结合教育部对幼儿园教师提出的“专业理念和师德、专业知识、专业能力”三个维度，初步构建了托育机构教师职业标准，这也为托育机构管理人员了解托育机构教师应具备的素养和能力提供了参考。

---

① 华诗涵，刘馨．婴幼儿托育服务机构从业人员队伍建设经验及启示——以上海市、南京市为例 [J]. 幼儿教育（教育科学），2019（9）：13-18

② 参考：崔诗琦．我国 3 岁以下婴幼儿早期教育教师职业标准体系研究 [D]. 上海：华东师范大学，2020

（1）职业道德与专业理念。

<table>
<tr><td rowspan="4">A 职业道德与专业理念</td><td>A1 对托育教师职业的理解与认识</td><td>A1–1 积极贯彻党和国家教育方针政策，遵守职业纪律和与职业活动相关的法律法规；
A1–2 理解婴幼儿托育工作的意义，热爱自己的工作岗位；
A1–3 理解托育教师的专业性与独特性；
A1–4 能够认真履行工作职责；
A1–5 具有良好的职业道德修养，包括为人师表、诚实守信等；
A1–6 具有与时俱进、科学的托育理念</td></tr>
<tr><td>A2 对婴幼儿的态度与行为</td><td>A2–1 关心爱护每一位婴幼儿，保障婴幼儿的生命安全；
A2–2 尊重婴幼儿各项基本权利，如生存权、发展权、受保护权、参与权等；
A2–3 满足婴幼儿身心发展的需求，与婴幼儿之间建立信任关系；
A2–4 平等对待、接纳并欣赏每一位婴幼儿</td></tr>
<tr><td>A3 对婴幼儿早期照护与保育教育的态度与行为</td><td>A3–1 坚持保教并重，促进婴幼儿的全面发展；
A3–2 顺应婴幼儿早期发展的规律，尊重婴幼儿的个体差异；
A3–3 重视环境对婴幼儿早期发展的意义；
A3–4 善于关注婴幼儿的情感变化，及时回应婴幼儿的需求；
A3–5 能够建立并维持与婴幼儿家庭间良好的合作关系</td></tr>
<tr><td>A4 托育教师应具备的基本修养与行为</td><td>A4–1 具有爱心、耐心、责任心；
A4–2 善于与他人沟通、合作；
A4–3 性格开朗、乐观向上，有亲和力；
A4–4 注重维持良好的职业形象，衣着得体、言行规范</td></tr>
</table>

（2）专业知识。

<table>
<tr><td rowspan="2">B 专业知识</td><td>B1 关于婴幼儿早期发展的知识</td><td>B1–1 掌握不同月龄阶段婴幼儿生长发育规律的知识；
B1–2 掌握婴幼儿不同月龄阶段的动作发展、语言发展、认知发展、社会性与情感发展等方面的特点与规律；
B1–3 了解婴幼儿早期发展中常见的发展问题与相应对策</td></tr>
<tr><td>B2 关于婴幼儿早期保育教育的知识</td><td>B2–1 掌握不同月龄段婴幼儿在进食、饮水、睡眠、二便等方面的发展特点与规律，助其养成良好习惯；
B2–2 了解常见的婴幼儿意外伤害类型并能够有针对性地预防意外伤害；
B2–3 了解婴幼儿早期常见的家庭教养问题及对应策略；
B2–4 了解《儿童权利公约》《未成年人保护法》《中国儿童发展纲要（2021—2030）》《母婴保健法》等现行相关法律法规中关于 0 ~ 3 岁婴幼儿的相关知识</td></tr>
</table>

（3）专业能力。

C 专业能力	C1 创设适宜的活动环境	C1–1 能够引导并支持婴幼儿与成人、同伴建立良好关系； C1–2 保障并维持健康、安全的活动环境，能规避环境中的风险； C1–3 创造具有丰富感官刺激、发展性的活动环境； C1–4 营造轻松、愉快、自由的活动氛围； C1–5 能够合理利用资源，为婴幼儿提供合适的活动材料
	C2 合理安排婴幼儿的一日生活	C2–1 能够合理规划婴幼儿的一日生活安排，科学照料婴幼儿的日常生活； C2–2 合理安排婴幼儿每日适宜的运动量，保障充足的户外活动时间； C2–3 能够识别婴幼儿异常的生理表现并及时妥善处理
	C3 组织托育活动	C3–1 合理设定符合婴幼儿年龄特点的活动目标； C3–2 合理选择并运用多种教学活动组织形式； C3–3 能够基于婴幼儿的兴趣、已有经验、认知特点等设计活动内容； C3–4 活动中能够关注并回应幼儿，给予适时、适宜、适度的支持与帮助； C3–5 支持婴幼儿早期自主探索，注重培养婴幼儿的好奇心和求知欲； C3–6 能够计划并组织不同主题的婴幼儿亲子活动； C3–7 注重将保育与教育结合的理念贯穿于婴幼儿的日常活动
	C4 为婴幼儿开展个别化教育指导	C4–1 能够在活动中适时给予婴幼儿个别指导； C4–2 能够根据婴幼儿的发展特点，为每名婴幼儿制定活动计划； C4–3 关注并了解婴幼儿的需求，能够正确分析解读婴幼儿表现
	C5 为婴幼儿开展发展性评价	C5–1 具备系统观察婴幼儿发展的能力； C5–2 能够对婴幼儿的发展表现进行准确记录与专业分析； C5–3 熟悉常见的婴幼儿评估工具，能够对婴幼儿发展进行专业评估
	C6 为婴幼儿提供家庭咨询与指导	C6–1 积极与婴幼儿家庭沟通，能够主动与家庭交流婴幼儿近期的表现情况； C6–2 能够为婴幼儿家庭提供帮助和支持，为婴幼儿家庭普及托育的专业知识
	C7 专业化发展	C7–1 能够在实际工作中经常反思，终身学习，不断改进托育工作； C7–2 经常与同事交流合作，相互分享经验，共同发展； C7–3 规划个人的专业发展路径，不断提升自身专业能力与专业素质

3. 招聘渠道

托育机构可以通过互联网、广告、校园招聘、人才交流中心等方式对外公开招聘教师。

（1）互联网。

随着信息技术的快速发展，当前有很多公司和企业会利用互联网发布招聘公告，比如网页、求职 App 等，面向的人群较广，容易吸引求职者。

（2）校园招聘。

在每个毕业季，高校都会有校园招聘计划，机构可以和高校建立友好合作的关系，招聘所需要的有婴幼儿教育经验的教师，这种方式效果较为明显。

（3）人才交流中心。

人才交流中心拥有很多待就业人员信息，是一个丰富的人力资源储存库，机构可以通过人才交流活动获得人力资源，但现在能够到人才交流中心参加活动的就业者不多，且信息更新换代较慢，所以效果不显著。

（4）人员推荐。

人员推荐是指通过员工或者熟悉的朋友介绍，这种方式比较节约成本，效果比较好。

4. 招聘流程

整个招聘流程可以分为 6 个步骤：拟定招聘计划—人员面试—人员录用—签订合同—试用期。

拟定招聘计划：由相关部门拟定招聘计划，其内容包括岗位及要求、工资待遇、相关福利、食宿等，一般优先考虑有经验的就业者。

人员面试：面试形式多样，可以采用一对一面谈的方式，也可以采用小组面试的方式，来选择更适合的人选。面试的问题可以是：你为什么想到我们机构工作？你对未来有什么规划？你想得到的工资待遇是多少？你期待的职位是什么？

人员录用：一旦面试成功，就应该用电话或者短信的方式通知求职者，内容包括上班时间、工资待遇、需要带的资料和证件。

签订合同：根据国家要求，一经录用，应尽快给劳动者办理入职登记，和劳动者签订劳动合同，保障劳动者的权益。

试用期：不同的岗位，试用期长短可能不同，试用期一般在 1 ～ 3 个月。

（三）教师培训管理

培训能够帮助新入职的教师获得更多的知识、技能，深入了解企业文化，是实现教师专业化发展的路径之一，同时，通过对教师的培训来提高教师的专业水平，打造一支高质量的教师队伍也是提升托育服务水平的关键。新入职的教师有 1 ～ 3 个月的试用期，在试用期，他们将根据拟定的培训方案进行一系列系统的培训，培训合格方能上岗。

1. 培训内容

一些发达国家正在或者已经建立了完善的 0 ～ 3 岁婴幼儿托育从业人员入职培训课程，为从业人员提供专业的保教知识和技能的指导，以提高培训的质量和效率。研究者凌倩雯等（2020）根据上海市托育从业人员培训存在的问题，初步建构了以职业道德、托育理论、托育专业技能、法律法规为主体的托育从业人员培训体系，强调不同的从业人员有不同的培训内容及培训重点，一线从业人员包括育婴师、保育员等应将职业道德的培训、托育知识和技能的学习放在首位。①

业务知识培训：教师要了解整个机构的品牌文化、战略定位、发展历程、发展前景等，培养对机构的归属感；要了解各个岗位的职责和要求，特别是与本职工作相关的职责；还要了解一些突发问题的处理方式，特别是安全问题。

教育理念培训：观念能够决定教师工作的态度，所以在培训过程中要帮助教师树立正确的价值观，形成正确的教育理念，更好地作用于实践。

托育理论培训：0 ～ 3 岁婴幼儿认知、动作、语言等发展特征，早期教育理论，教育活动的设计与指导，0 ～ 3 岁婴幼儿家庭教育指导是培训的重要内容。

托育专业技能培训：注重教师应该具备的能力，包括教学技能、亲子活动流程设计、环境创设、玩教具制作、观察反思的能力。

法律法规培训：教导教师应当遵循地方托育法规，以及教育部颁布的相关文件精神，维护自己的权利，保护婴幼儿的权利。

资料链接

扫码，了解托育机构教师培训管理相关知识。

托育机构教师培训管理相关知识

2. 培训方法

培训方式包括在职培训、国内国外的各种短期培训、对外对内的各种交流会，以及提倡员工自我提高、终身学习的自我培训等。

---

① 凌倩雯，王欢，应一也．对上海市托育从业人员培训课程体系构建的思考 [J]．早期教育（教育教学），2020（2）：24-27

（1）线下讲座。

线下讲座是通过邀请专家学者开展讲座的方式讲授知识，这种方式面向的群体广，但参加培训的教师无法与专家进行面对面沟通交流，专家也无法得到反馈，无法看到个体需要。

（2）线上课程。

线上课程是利用互联网开展线上培训，不受时间和空间的限制，特别在一些特殊的情境下，也不会耽误学习进度，比较方便，但是对教师自身的要求较高。

（3）小组交流。

小组交流是由若干教师组成学习小组，小组长或者培训支持人抛出研讨问题，小组展开自主学习与分享，这种方法更能够引发教师的深度学习。

（4）案例研讨。

案例研讨是通过给教师呈现一个真实的案例，引发其利用所学的教育原理、教学实践经验来解决案例中的问题，更侧重于思考的过程。

（5）实践操作。

实践操作是指教师通过自身的体验、实践来积累经验，比如根据导师的示范和指导，在真实的工作场景中去实施，这种方式更加适合技能方面的获得。

（四）教师考核管理

开展教师考核工作，是促进教师专业发展，提高托育机构教师队伍素质，提升托育管理质量，促进机构可持续发展的重要保障。与幼儿园教师考核评价相比，托育机构的考核管理制度还在逐步建构中，尚未形成统一、系统、完备的考核管理体系。目前，市场上的托育机构都在根据自身的特色做出一些实践探索，确保教师考核的有效性。

1. 考核方法

（1）试卷考核。

新教师会在入职之后参加一系列培训，托育机构可以运用书面测试的方式，检测教师对知识的掌握程度。

（2）答辩考核。

提前准备好话题，采取抽签法，让教师就某个话题或内容进行答辩，可以当场抽签，准备 10 分钟后进行，也可提前 1 ～ 2 天让教师做好准备再进行，考察教师的领悟能力。

（3）咨询考核。

模拟家长咨询沟通的场景，检测教师是否能够应对家长提出来的问题，回答是否恰当，考察教师的沟通交流能力。

（4）组织活动考核。

新教师设计一节活动并做现场展示，结合自评及他评，考察教师是否掌握活动实施和组织的流程、方法。

（5）家长反馈考核。

考核的主体多元化，将家长的反馈评价纳入考核范围。家长是教师每天都要面对的群体，家长的评价是十分直接、重要的信息来源和参考。

（6）《活动后记》《教育笔记》等考核。

教师写的《活动后记》《教育笔记》等材料，是教师对活动组织的认识、感悟和设想。教师对教材与活动的把握，是不断反思、不断升华的根本。考核抽查《活动后记》，强化教师写《活动后记》的及时性、务实性和归纳性，是教师自我提高、自我反思的重要途径。

2. 考核主体

教育考核主体多元化已成为教育考核发展的趋势。传统的考核只强调管理主体对教师的考核，忽视了教师自身，以及参与教育过程的其他力量。虽然托育机构还未像幼儿园一样形成系统的考核标准和体系，但是在考核过程中除了机构管理部门，还应该考虑家长的参与，以及教师的自评，必要情况还可以倾听婴幼儿的意见。

资料链接

扫码了解托育机构教师考核管理办法相关范例。

托育机构教师考核管理办法范例

推荐阅读

崔诗琦．我国3岁以下婴幼儿早期教育教师职业标准体系研究［D］．上海：华东师范大学，2020.

任务评价

（1）通过这次学习，你是否更加了解托育机构的教师特点，以及教师的专业素养？是否了解托育机构教师管理的内容？

（2）请你对本次任务进行评价。

学习评价表

主题	内容	优秀	良好	一般	较差	很差
学习态度	能准时参加全部课程，按时提交作业，及时查阅教师上传的学习材料	5	4	3	2	1
专业知识	了解托育机构师资管理的内容和方法，掌握托育机构师资的专业素养	5	4	3	2	1
研讨精神	积极参与讨论，对其他人的发言能提出合理的分析和见解	5	4	3	2	1
团队协作	能很好地融入课堂小组讨论，共同推进学习进程	5	4	3	2	1
沟通交流	能够清晰准确地表达自己的观点，与他人交流时态度语气恰当	5	4	3	2	1
人文素养	能够关注学前教育发展的相关文件，拓展知识	5	4	3	2	1
信息素养	会检索常见的文献数据库，主动阅读相关文献	5	4	3	2	1
实践应用	能够根据所提供的资料分析托育机构的教师角色定位，掌握教师的专业知识和能力，了解教师招聘、培训、考核的内容	5	4	3	2	1
自我小结						

项目五

托育机构的课程与教育活动管理

项目目标

1. 了解托育机构的课程设置。
2. 掌握托育机构教育活动的组织和安排。

学习重难点

学习重点：
1. 了解托育机构的课程模式。
2. 理解托育机构课程体系的构建。

学习难点：
1. 能根据不同月龄的婴幼儿设计和组织托育机构教育活动。
2. 掌握托育机构教育活动的组织和安排。

思维导图

- 托育机构的课程与教育活动管理
  - 托育机构的课程设置
    - 托育机构的课程模式选择
      - 托育机构的课程
      - 托育机构的课程模式
        - 以游戏活动为主的课程模式
        - 主题活动式课程模式
        - 以蒙式理念为指导的课程模式
    - 托育机构的课程体系构建
      - 托育机构课程目标
      - 托育机构课程内容
      - 托育机构课程组织
      - 托育机构课程评价
  - 托育机构的教育活动管理
    - 全日制（半日制）教育活动管理
      - 全日制（半日制）课程
      - 全日制（半日制）班级作息与活动安排
    - 亲子班教育活动管理
      - 亲子班课程
      - 亲子班作息与活动安排

任务一

结合托育机构课程体系的案例，分析托育机构的课程设置

任务描述

婴幼儿在成长过程中经历生理和心理两个方面从量变到质变的过程，身体发展是指婴幼儿身体的正常生长和发育，心理发展是指婴幼儿的认知、情感、意志和个性的发展。根据2001—2005年联合国儿童基金会的建议，婴幼儿全面发展分认知与语言发展、动作发展、社会性发展和情绪发展四个方面。课程与教育活动管理是托育机构科学实施照护和教养的关键。2021年国家卫生健康委颁布的《托育机构保育指导大纲（试行）》也规定了托育机构的保育内容应当涵盖营养与喂养、睡眠、生活与卫生习惯、动作、语言、认知、情感与社会性等七个重要领域。因此，托育机构应遵循婴幼儿身心发展的规律，科学地进行课程设置，合理地安排保教活动，促进婴幼儿身心健康、全面发展。

1. 结合案例，完成工作表1。
2. 小组讨论，完成工作表2。
3. 小组讨论，完成工作表3。

工作表单

工作表单1

案例分析

扫描二维码，了解机构课程体系设置相关案例，讨论A、B、C、D 4所托育机构课程设置的异同。

机构课程体系设置案例

相同点	不同点

某托育机构课程活动的周安排

工作表单 2

案例分析①

扫描二维码，了解某托育机构课程活动的周安排。小组讨论：托育机构课程活动与幼儿园课程活动的异同有哪些？

相同点	不同点

工作表单 3

小组讨论，托育机构有哪些课程模式？谈谈如何建构托育机构课程体系。

托育机构的课程模式	课程体系的建构

学习支持

一、托育机构的课程模式选择

（一）托育机构的课程

托育课程是传统家庭之外的营利或非营利服务机构，以促进婴幼儿生理与心理的和谐发展为目标，根据 0 ～ 3 岁婴幼儿身心发展特点及生命自然成长规律，在专业人员的指导下，以全日、半日、临时、家庭式等形式为主，以游戏为基本活动，保教渗透，教养融合，关注个体差异，开展有目的、有计划、有组织、有意义的托育活动，用以促进每个婴幼儿富有个性地发展，

① 于代健．1—3 岁婴幼儿托育课程适切性个案研究——以 G 省 A 托育中心为例 [D]. 重庆：西南大学，2020

为家庭提供婴幼儿科学化、系统化的早期教育指导的一种课程。①

可见，托育机构的课程包含了早期教育课程和早期教育指导课程两类。早期教育课程是托育机构针对 0 ～ 3 岁婴儿发展设计的教养计划。课程的对象主要是婴幼儿，教育的实施者主要是保教人员，活动内容具有系统性和连续性。该课程更适合全日制的托育机构使用。

早期教育指导课程是指托育机构为“亲子双方”共同设计的教育方案，其教育对象是家长和孩子，其特殊性在于在促进婴幼儿发展的同时，也增长了家长的育儿知识，提升了家长的育儿能力。该课程更适合亲子园等机构。家长可根据自身时间及婴幼儿状况灵活安排活动时间及内容。

（二）托育机构的课程模式

美国国家早期教育委员会指出，婴幼儿教养机构要突出课程方案的五个主要特征：确保每个婴幼儿的健康和身体发展、营养的自我调整，促进情感幸福，发展语言和社会关系技巧，发展交流和推理技能，对每个儿童的学习风格和需要提供适当的回应。② 国外托育机构的课程大都涵盖了认知、运动、语言、情感和社会化等领域。国内托育机构的课程没有规定的模式，其内容较为丰富，但是每个机构的课程都涉及语言、艺术、音乐、感统等，有些机构还开设了如英语、环球旅行等特色课程。托育机构不同于幼儿园，最明显的差异在于其往往身兼婴幼儿教养和婴幼儿家长指导的双重职责：不光关注婴幼儿的身心健康发展，还注重向家长传递科学的育儿知识和育儿技巧。国内托育机构的课程模式主要有以下几种：③

1. 以游戏活动为主的课程模式

托育机构以游戏活动为主的课程模式一般由多个游戏活动组成。该课程模式的组织形式类似于幼儿园托班的教育活动。课程活动主要包括音乐、美劳综合活动，户外自由活动，音乐与故事活动，等等。如表 5.1.1 与表 5.1.2。

---

① 于代健．1—3 岁婴幼儿托育课程适切性个案研究——以 G 省 A 托育中心为例 [D]. 重庆：西南大学，2020

② 范文曜，谢维和．教育政策分析（2003）[M]. 徐瑞，杨启华，张燕，等，译．北京：教育科学出版社，2006

③ 参考：金国壮，雷欣，邓靖秋．早教机构策划·运营·推广 [M]. 北京：化学工业出版社，2020：110-118

表 5.1.1 以游戏活动为主的课程安排

时间	内容
8:30—8:50	课前准备，与家长和孩子交流，家长带孩子在室内自由活动
8:50—9:00	点名游戏，音乐律动训练或早操
9:00—10:00	音乐综合活动 ，美劳综合活动
10:00—10:10	如厕，盥洗，吃水果
10:15—10:40	自由活动
10:40—11:00	音乐与故事活动
11:00—11:30	离园环节：交流，用午餐（根据机构的条件和家长选择）

表 5.1.2 某亲子园每周六上午的活动流程①

活动名称	活动内容
亲子游戏	家长和孩子一起玩的亲子游戏，每次活动玩 1 ~ 2 个游戏，发展孩子能力，增进亲情
朋友多多	“大家好！我叫 ××，1 岁 8 个月啦！”（然后再增加天气、地点等更多的内容）。也许他只会说这三句，但要给孩子一个积极的鼓励，让他说更多的话，鼓励他大胆和小朋友交往，同时还让孩子学会倾听别人的发言
能干宝贝	发展孩子各种能力的活动，如为大气球涂上漂亮的颜色等，发展孩子的动手、动脑、手眼协调等能力，还能培养良好的学习习惯
户外活动	玩游戏，做小动物操，玩大型综合玩具
自选玩具	自选玩具、图书，也可以从家中带来和小伙伴交流分享

2．主题活动式课程模式

主题活动式课程模式主要借鉴瑞吉欧方案教学和幼儿园单元主题教学的理念，将一系列内容相关联的活动组织起来，根据婴幼儿的年龄特征，按照不同主题构建起一个学段的课程体系。单个主题活动内部的关联，并不能代表主题与主题之间就存在着有机联系。托育机构通常按照婴幼儿能力发展的认知、运动、语言、情感和社会性等领域，结合地域、节气、节日、生活等主题来组织课程活动。

① 参考：温泉．如何开家早教机构[M]．北京：化学工业出版社，2015：193

资料链接

情感教育的主题活动

《我爱妈妈》——在“三八节”的时候，将环境布置与主题活动内容相结合，请妈妈带来和孩子一起拍摄的相片。组织亲子游戏、歌颂妈妈的音乐表演、做手工礼物送给妈妈等活动。这不仅锻炼了孩子的动手能力，培养了手眼协调能力，还增进了母子间的亲情。

《我爱我家》——家长和孩子一起看家庭的录像、照片，亲子共同讲述家庭的成员、物品、生活趣事等。

《我爱老师》——了解老师的工作情况，请家长和孩子来扮演老师的角色等，开展换位思考，增进师、生、家长之间的了解和联系。

社会性教育的主题活动

《生日会》——家长和老师一起给同月出生的孩子庆祝生日，和其他小朋友分享蛋糕，唱生日歌，一起玩游戏，等等，发展孩子的社会交往能力。

《我和哥哥姐姐在一起》——请大班的孩子和小班的孩子一起活动和游戏，帮弟弟妹妹做一些简单的事情，培养大班孩子的责任心和爱心。

《家庭联谊会》——以家庭为单位，可以将相同或者不同年龄段的亲子班集中起来，让家长和孩子一起游戏、表演节目，增进家长对孩子的了解，帮助孩子掌握社交技能。①

3. 以蒙式理念为指导的课程模式

蒙式课程模式借鉴蒙台梭利的教育理念，以婴幼儿发展的敏感期为依据，通过环境创设，培养婴幼儿的秩序感、专注力、独立性以及良好的行为习惯。此类课程的基本环节包括走线、唱名、线上蒙式活动、分享阅读、亲子游戏（音乐、语言、美劳等）、户外活动等。如表 5.1.3。

① 参考：温泉．如何开家早教机构 [M]. 北京：化学工业出版社，2015：193-194

表 5.1.3 蒙式课程活动环节及目标①

环节	活动目的
8:30—8:50	课前准备，与家长和孩子交流，家长带孩子在室内自由活动
8:50—9:00	点名游戏，音乐律动训练或早操
走线	练习身体平衡； 帮助孩子平衡左右脑的发展，获得平衡感，使孩子能控制动作，辨别方向； 稳定孩子情绪，为后续工作做准备
唱名	增强孩子的交往能力，消除陌生感； 培养孩子听指令的能力，增强孩子的自信心； 激发孩子参与游戏的兴趣
线上蒙式活动	通过材料、教具锻炼孩子的小肌肉，促进脑发育和智力发展； 体验工作、游戏的快乐，满足孩子自身发展的需要
分享阅读	激发孩子学习动机和早期阅读兴趣，培养早期阅读习惯； 提高孩子的语言能力、理解能力，开发孩子的智力； 增进亲子互动，使孩子健康发展
亲子游戏 （音乐、语言、美劳等）	通过音乐游戏培养孩子对音乐的兴趣； 协助孩子运用肢体语言感受节奏的快、慢、强、弱； 教师指导孩子掌握游戏要领，关注孩子情绪，发挥孩子的主动性（可以根据孩子兴趣，让其选择游戏内容）
户外活动	根据孩子的年龄特点及动作发展，通过游戏有目的地训练，发展孩子的基本动作； 促进孩子动作协调发展的同时，教师注意观察孩子动作的发展程度及家长指导方法
聊天角	分享教育经验，交流家园教育情况

二、托育机构的课程体系构建

国内托育机构课程体系的主要来源有两个方面：一是借鉴国外的课程体系，例如很多机构将多元智能理论、奥尔夫音乐理论、瑞吉欧理论、蒙台梭利理论、脑科学理论等作为课程设置的理论指导；二是自主研发课程，在实际运用的过程中，托育机构也会将这些教育理论与本土实际结合，进行改良和优化。本节尝试从托育机构课程目标、课程内容、课程组织、课程评价几方面来谈一下如何构建托育机构的课程体系。

① 参考：金国壮，雷欣，邓靖秋．早教机构策划·运营·推广 [M]. 北京：化学工业出版社，2020：114-115

（一）托育机构课程目标

课程目标在课程要素中居于主导地位，它既是课程内容选取和课程组织设计的基础，也是课程评价的出发点和归宿，是一定的教育价值理念或教育目的在课程领域的具体化。托育机构的教育对象主要是0～3岁的婴幼儿，托育机构的课程目标应在尊重心理学和神经科学的研究成果基础上，根据0～3岁婴幼儿的身心发展特点，结合最近发展区，以0～3岁涉及人终身发展所必需的核心能力来确定其发展目标。有专家提出了三级目标体系之说。第一级为“发展领域”目标，将0～3岁婴幼儿的发展分为身体发展领域、认知发展领域、语言发展领域、社会与情感发展领域、艺术与创造性发展领域；第二级为“年龄目标”，即领域目标在各年龄阶段的不同要求；第三级目标为“环节目标”，是在年龄目标引导下，结合课程中的环节而制定的。①

任何课程目标总是带着一定的价值取向，目前课程目标的取向及表述大致有三种形式：行为目标、生成性目标、表现性目标。因此托育机构课程目标的制定，应结合婴幼儿身心发展核心能力、核心能力的现有水平和最近发展水平，兼容各种课程目标取向，取长补短。

资料链接

行为目标：是对婴幼儿具体的、可被观察的行为表述的课程目标，指向实施课程以后在婴幼儿身上所发生的行为变化；

生成性目标：是指在教育情境中随着教育过程的展开而自然生成的课程目标；

表现性目标：指向每一个婴幼儿在教育情境的“际遇”中所产生的个性化表现，鼓励婴幼儿运用已有的技能，拓展并探索自己的观点、意象和情感。②

（二）托育机构课程内容

课程内容解决的是“教什么”和“学什么”的问题，它是实现课程目标的载体。它根据课程目标以及相应年龄阶段婴幼儿的身心发展规律和特点选定，是婴幼儿应该学、能够学并适宜学的有关知识和经验。婴幼儿在成长过程中经历生理和心理两个方面从量变到质变的过程，身体发展是指婴幼儿身体的正常生长和发育，心理发展是指婴幼儿的认知、情感、意志和个性的发

① 李琛，刑少颖 .0—3 岁早期教育课程目标体系的构建[J]. 山西教育，2013（12）：26-28

② 陈世联 . 幼儿园课程与活动指导[M]. 北京：重庆出版社，2007：13-14

展。联合国儿童基金会认为，婴幼儿全面发展分认知与语言发展、动作发展、社会性发展和情绪发展四个方面。《上海市 0～3 岁婴幼儿教养方案（试行）》中提到 0～3 岁婴幼儿发展的主要观察点包括发育与健康、感知与运动、认知与语言、情感与社会性四个方面。2021 年 1 月 12 日，国家卫生健康委印发的《托育机构保育指导大纲（试行）》指出，托育机构的保育内容应当涵盖营养与喂养、睡眠、生活与卫生习惯、动作、语言、认知、情感与社会性等七个重要领域。因此托育机构应在综合考虑社会与家庭的影响因素的前提下，围绕 0～3 岁婴幼儿身心发展核心能力，选取对其身心发展有促进作用的内容。托育机构也可以根据实际情况调整其课程内容。如图 5.1.1。

交流与语言	个人与社会情感	身体发展	数学与生活	理解世界	艺术与创作
倾听与专注	自信与自我意识	运动与精细操作	生活中数	人与社会	艺术欣赏
阅读与理解	情绪理解与管控	健康和自理	图形、空间与度量	自然与生物	艺术表现
表达与语言	规则与交往			身边的科学技术	艺术设计

图 5.1.1　某托育机构的课程内容发展能力分解①

（三）托育机构课程组织

课程组织是对选择出来的课程内容、活动、材料和环境、教师和婴幼儿的互动方式等加以编排、组合、平衡，以使课程活动有序化、结构化、适宜化，从而产生最优的教育效应，最大化实现课程目标。作为托育课程的设计者、实施者、建构者，成人要通过规划来为婴幼儿创造发展与学习的可能性，并借助适宜的课程资源。托育课程的组织设计可按六个原则进行：教育与心理成熟相结合、教育与生活相结合、评估与教育相结合、家长教育与婴儿教育相结合、课堂指导与家庭延伸相结合、集体教育和个别化指导相结合。②可借鉴美国“FunShine Online”托育课程模式：围绕创设有准备的环境、与婴幼儿建立积极的关系、管理婴幼儿的问题行为、建立一日活动常规、支架婴

① 于代健 .1—3 岁婴幼儿托育课程适切性个案研究——以 G 省 A 托育中心为例 [D]. 重庆：西南大学，2020

② 文颐 . 婴儿早期教育指导课程（0—3）[M]. 北京：北京师范大学出版社，2012：51

幼儿的学习、监测婴幼儿发展六个方面，结合本国实践需求构建全面且适宜的婴幼儿托育课程模式实施路径。①

（四）托育机构课程评价

课程评价是对课程整体结构、实施过程及结果做出价值判断的过程，是课程实践的反馈机制。丽莲•凯茨提出，托育机构的课程质量评价大致有五个视角：（1）自上而下的视角，评价主体一般为机构的主办者、政府的教育行政部门；（2）自下而上的视角，评价主体一般为机构中的幼儿；（3）外部视角，评价主体为家长；（4）内部视角，即托育机构中的教师、保育员的视角；（5）外部视角，评价的主体为机构所处社区的居民和民意代表。托育机构教养活动所涉及的相关主体很多，主要包括婴幼儿、教师、举办者、家长、政府部门、社区机构等，由于各自的立场、利益诉求、价值观念、知识经验的不同，对于托育课程的教育审视、关注的重点、理解和评价自然也会不一致，因此针对托育机构的课程评价，主体应是多元的，从而形成对课程适切性的多元观念和评价视角。

推荐阅读

（1）文颐．婴儿早期教育指导课程（0-3）[M]．北京师范大学出版集团，2012.

（2）刘娟．呼和浩特市早教机构课程设置研究 [D]．内蒙古师范大学硕士论文，2014.

（3）陈世联．幼儿园课程与活动指导 [M]．北京：重庆出版社，2007.

---

① 李慧．美国 0—3 岁婴幼儿托育课程模式评析——以“FunShine Online”（FSO）为例 [J]．教育探索，2019（4）：100-104

任务评价

请你对本次任务进行评价。

学习评价表

主题	内容	优秀	良好	一般	较差	很差
学习态度	能准时参加全部课程，按时提交作业，及时查阅教师上传的学习材料	5	4	3	2	1
专业知识	了解托育机构的课程设置与常见的课程模式	5	4	3	2	1
研讨精神	积极参与讨论，对其他人的发言能提出合理的分析和见解	5	4	3	2	1
团队协作	能很好地融入课堂小组讨论，共同推进学习进程	5	4	3	2	1
沟通交流	能够清晰准确地表达自己的观点，与他人交流时态度语气恰当	5	4	3	2	1
人文素养	能够关注婴幼儿健康与心理发展相关知识，有意识地树立职业精神	5	4	3	2	1
信息素养	会检索常见的托育课程文献数据库，主动阅读相关文献	5	4	3	2	1
实践应用	能根据不同月龄的婴幼儿设计适宜的课程活动	5	4	3	2	1
自我小结						

任务二

阅读资料，讨论托育机构教育活动的管理

任务描述

教育活动管理是托育机构管理的重要内容。0～3岁的婴幼儿因其年龄特点，应以养护为主，教育活动的设计和安排必须遵循婴幼儿身心发展规律。按照不同月龄婴幼儿的作息时间，托育机构的教育活动可以设计为不同的形式，如全日制、半日制、计时制等。根据社区和托育机构的环境互动，可以安排不同的教育活动如艺术、模仿、表演、音乐律动等，促进婴幼儿身体、认知、情绪情感、动作等方面的发展。

1. 结合材料，完成工作表1。
2. 小组讨论，完成工作表2。

工作表单

工作表单1

材料：朱力欧和艾比的一个上午系

	朱力欧（四个月）		艾比（十六个月）
到达	朱力欧和妈妈玛塔一起到达圣恩托儿所。玛塔花了很长的时间和朱力欧道别，然后把他交给琳达	到达	艾比的爸爸爱德华送艾比到布鲁克丝的家。爸爸走时，艾比哭了。布鲁克丝为了安抚她，便念故事书给她听
用餐	琳达把他抱在怀里，坐在摇椅上喂奶	洗手	艾比和同伴莫莉去洗手，准备帮布鲁克丝做早餐
换尿布	琳达帮朱力欧换尿布并且和他说话时，朱力欧看着琳达，并开始揉眼睛	准备餐点/用餐	艾比和布鲁克丝、莫莉一起摆好餐具，然后炒蛋。她们一起吃早餐，然后收拾并洗手
休息	琳达轻拍朱力欧并唱摇篮曲。朱力欧在婴儿床上睡着了	室内游戏	艾比对着面团土又捏又拍，又戳又揉的。她注意到悬挂在墙上的新照片，并和布鲁克丝一起看照片
换尿布	琳达检查朱力欧的尿布，尿布是干的	换尿布	艾比和布鲁克丝一起玩摸鼻子、肚子的游戏
室内游戏	朱力欧和另外两个孩子一起躺在地垫上，旁边有一面安全镜子，琳达坐在一旁看孩子说他们正在做的事和看到的东西	室内游戏	艾比和布鲁克丝、莫莉一起唱歌。莫莉和艾比假装用奶瓶喂她们的娃娃

续表

	朱力欧（四个月）		艾比（十六个月）
用餐	朱力欧坐在琳达的腿上，喝了一些牛奶，琳达帮他拍背排气，接着他打了一个嗝	收拾	艾比和莫莉帮忙把积木归位，并把玩具收好
换尿布	琳达帮朱力欧换尿布，朱力欧踢着腿。琳达轻推朱力欧头顶的旋转吊饰。朱力欧的眼睛便随着它转动	换尿布	艾比不肯换尿布。布鲁克丝告诉她只要一下子就好了，然后她就可以到外头玩
穿衣服	琳达一边唱歌，一边帮朱力欧穿衣服	穿衣服	艾比把夹克从挂钩上拿下来，布鲁克丝帮她穿上。莫莉得意地帮她扣子母扣
户外游戏	琳达背着朱力欧到户外去。风吹时，朱力欧闭起眼睛。琳达描述风吹来时的感觉	户外游戏	艾比和布鲁克丝及莫莉一起在巷子里散步。艾比注意到鸟叫声和汽车声。她还分辨出三条狗呢

阅读上述材料，小组讨论，谈谈托育机构保教活动安排与幼儿园保教活动安排的异同点。

相同点	不相同点

工作表单 2

材料：托育机构的教育活动

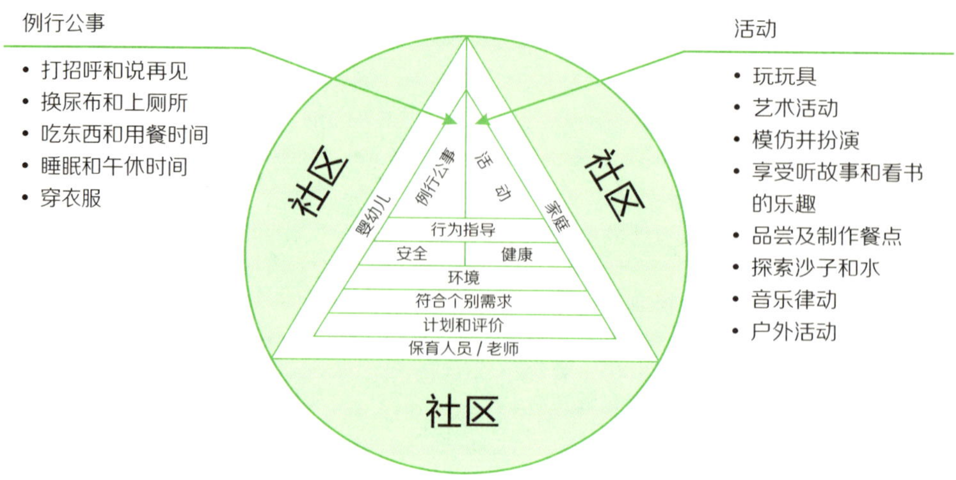

小组讨论：托育机构的教育活动管理应考虑哪些要素？

学习支持

一、托育机构的教育活动管理

教育活动管理是托育机构管理的重要内容，也是婴幼儿照护服务管理的重要内容，事关婴幼儿健康成长。2021 年 1 月 12 日，国家卫生健康委研制的《托育机构保育指导大纲（试行）》（以下简称《大纲》）正式发布，其中指出托育机构应当根据婴幼儿身心发展特点和规律，制定科学的保育方案。一方面，应当从托育机构和婴幼儿实际出发制定科学合理的保育工作计划，“合理安排婴幼儿饮食、饮水、如厕、盥洗、睡眠、游戏等一日生活和活动”，并认真实施；另一方面，应当注意在保育工作中“支持婴幼儿主动探索、操作体验、互动交流和表达表现，丰富婴幼儿的直接经验”。

教育活动管理在具体形式上主要分为全日制（半日制）教育活动管理和亲子班教育活动管理两种。

（一）全日制（半日制）教育活动管理

新时代的托育机构中，“保育”一词同时肯定“保”和“育”的价值，体现对婴幼儿身心的精心照料、保护和培育，对 0 ～ 3 岁的婴幼儿而言尤为如此。2018 年，世界卫生组织（WHO）等国际组织联合发布《培育性照护框架》，将“培育性照护”描述性定义为“一个由照护者创造的环境，旨在确保儿童身体健康，饮食营养，保护他们免受威胁，并通过互动给予情感上的支持和响应，为他们提供早期学习的机会”，明确提出保育工作的内容应当包括“健康、营养、安全、回应性照护和早期学习机会”。《大纲》中明确规定托育机构的内涵是“通过创设适宜环境，合理安排一日生活和活动，提供生活照料、安全看护、平衡膳食和早期学习机会，促进婴幼儿身体和心理的全面发展”。可见，托育机构的教育活动是围绕婴幼儿身心健康的积极陪护，只要是为婴幼儿提供所需的环境与机会，促进其情感、体魄、交往和智力等各方面才能发展的活动都可以视为教育活动，即“一日生活皆教育”。

1. 全日制（半日制）课程

全日制和半日制教育活动就是托育机构按照婴幼儿在园时间，以全日或半日为一个周期开展的陪护教育活动。其中，生活照料和自我服务是托班课程目标中的重要组成部分。教师尊重孩子的发展需求，通过观察、倾听、接纳、追随，有针对性地安排引导，给予孩子更多成长体验，释放每一个孩子的无限潜能。

全日制和半日制教育活动管理也是当前托育机构最常见的管理形式。在具体的教学内容安排上，因为 3 岁以前是个体身体、语言、认知、情感与社会性发展和习惯养成的重要奠基时期，托育机构应当注意了解婴幼儿学习和发展的关键领域和重点内容，促进婴幼儿身体和心理的全面发展。正如《大纲》所要求的，托育机构的保育内容应当涵盖营养与喂养、睡眠、生活与卫生习惯、动作、语言、认知、情感与社会性等七个重要领域。此外，应该明确不同阶段婴幼儿的发展特点。7 ～ 12 个月属于婴儿期，是个体出生后的生长高峰期，身高、体重增长最快，神经系统发育快速，运动、感知觉、语言和社会交往能力发展迅速。该年龄段婴幼儿需要的能量和营养相对较多，处于从坐姿向爬行至行走过渡的时期，且处于语言准备期，很少通过语言进行表达，因而需要保育人员给予更多的关注。13 ～ 36 个月属于幼儿期。这一时期幼儿的生长速度较婴儿期减缓，但语言、思维、动作和社会交往能力发展仍较快，也是行为习惯养成的起始和关键阶段。尤其是 2 岁以后，幼儿处于语言发展阶段，开始发展伙伴关系，需要保育人员给予更多的引导。因此，将该年龄段分为 13 ～ 24 个月和 25 ～ 36 个月两个阶段，便于托育机构开展保育工作。

总之，0 ～ 3 岁婴儿在机构的生活和照料尤为重要，一日生活中的吃喝拉撒睡玩都需要精心照料，所以课程内容应重点围绕婴幼儿的生活进行，帮助婴幼儿养成良好的生活习惯，同时对婴幼儿实施高质量的照护，允许其自由地开展各种游戏活动、生活活动。全日制和半日制教育活动的具体教学安排上，可以采用单元活动或者主题活动的形式，也可以根据婴幼儿的特点及机构的实际情况灵活组织与安排。此外，托育机构还可为家长提供咨询，提升家长科学育儿水平。

2. 全日制（半日制）班级作息与活动安排

婴幼儿在托育机构的作息与活动安排关乎其身心健康和秩序感的发展。婴幼儿在托的作息时间安排是指保教人员对托育机构一日的活动内容、时间、空间加以编排，从而有条不紊地组织婴幼儿生活，促进婴幼儿生动、活泼和主动地发展。2 岁左右的婴幼儿正是秩序发展的敏感期，作息时间安排亦是婴幼儿养护的重要组成部分。因此，做好合理、科学的作息时间安排可以很好地帮助婴幼儿形成较稳定的生活规律，养成良好的生活习惯和秩序意识，也有助于婴幼儿学会摆脱自我中心，习惯集体生活，促进社会性发展。

婴幼儿在托的作息与活动安排首先要考虑其需求，以《大纲》为依据，将营养与喂养、睡眠、生活与卫生习惯、动作、语言、认知、情感与社会性七个领域作为重点内容，把安全防护、传染病和常见病的防控融入各环节中，促进婴幼儿全面发展。其次，依据婴幼儿年龄特点和生理、心理特点来制定，低幼班级应该以松散、低结构活动为主，符合婴幼儿无意注意占优势的年龄特点。针对小龄段的婴幼儿可以适当安排生活活动、游戏活动，以身体养护为主，融合一定的学习活动，以满足其动作、情绪等方面的发展需求，但时长不能太长。再次，保教人员可以根据地域、季节、天气的变化适当地对婴幼儿作息进行调整，如南方和北方、冬季和春季的气候差异。最后，在具体的安排上应该遵循一日活动要动静交替，生活活动要固定时间，且户外活动不少于 2 小时，保证婴幼儿有自主的活动时间，特殊天气可根据实际情况酌情调整。表 5.2.1 与表 5.2.2 是深圳市卫生健康委员会组织制定的《深圳市托育机构一日活动指引（试行）》，针对不同年龄阶段婴幼儿一日活动做了时间安排。

表 5.2.1 乳儿班一日活动时间安排表

活动时间	活动内容
7:30—8:30	入园、晨检、护理
8:30—9:00	早餐
9:00—10:00	户外活动 / 身体活动
10:00—10:30	护理、餐点
10:30—11:30	睡觉
11:30—11:45	护理
11:45—12:15	午餐
12:15—13:00	自主游戏 / 集体游戏
13:00—15:00	睡觉
15:00—15:30	护理、餐点
15:30—16:30	户外活动 / 身体活动
16:30—17:30	自主游戏 / 护理 / 离园

表 5.2.2 托班（托小 / 托大）一日活动时间安排表

活动时间	活动内容
7:30—8:00	入园、晨检
8:00—8:30	早餐
8:30—9:00	盥洗、饮水、如厕、自主游戏
9:00—10:00	户外活动
10:00—10:30	盥洗、饮水、如厕、餐点
10:30—11:30	自主游戏 / 集体游戏
11:30—11:45	盥洗、如厕
11:45—12:15	午餐
12:15—12:30	漱口、餐后自主活动
12:30—15:00	午休
15:00—15:30	盥洗、饮水、如厕、餐点
15:30—16:30	户外活动
16:30—17:30	游戏 / 离园

虽然婴幼儿在半日制托育机构只有半天，但仍然要有较为稳定有序的作息时间安排，各个活动环节也应具备完整性和连续性。其中，户外活动时间应保证在 50 ～ 60 分钟。午餐由机构和家长根据实际情况自行安排解决。如表 5.2.3。

表 5.2.3 半日制托班（1 ～ 1.5 岁）作息时间安排示例①

时间	活动名称	活动内容
8:00—8:40	问候时间	问好、晨间活动、区域游戏
8:40—9:30	运动时间	户外小型多样体育活动、早操
9:30—9:55	一句话时间	吃点心、学说一句话或手指游戏
9:55—10:05	聪明时间	分组活动
10:05—10:15	户外时间	户外自主游戏
10:15—10:50	快乐时间	区域游戏
10:50—11:00	哆来咪时间	餐前准备、音乐欣赏
11:00—11:45	午餐时间	中餐
11:45—12:15	离园时间	散步、离园

① 参考：本书编写组.0—3 岁婴幼儿托育机构实用指南 [M]. 南京：江苏凤凰教育出版社，2019：40

值得注意的是，因为2岁的幼儿年龄较小，统一行动的意识较弱，教师在安排作息时间时可有相对的自由度，不仅要考虑到统一性，也要考虑到个别差异性，尊重幼儿身心发展的个体需求，适当的时候，应该允许幼儿脱离集体单独行动，以首先满足幼儿自身的兴趣和需求。同时，幼儿的年龄越小，对生活、活动的个性化需求也就相对越高，教师可以不用将作息时间制定得较为死板，而是让幼儿在宽松、自然、舒适的环境中相对统一地进行活动，以保证幼儿有较好的、积极的情绪。

（二）亲子班教育活动管理

0～3岁是亲子关系建立的重要时期。亲子陪伴成为这一阶段必不可少的内容，因此延伸出的亲子班教育活动也成为托育机构的重要教育活动。亲子教育的优势在于一方面以父母作为教师和同伴，对孩子进行情感、态度、行为的积极干预，在科学合理的教育活动中促进婴幼儿体能、智能、个性、习惯等方面全面和谐的发展；另一方面，通过父母的积极参与，也可以密切亲子关系，促进良好家庭氛围的形成，为婴幼儿创造和谐健康的成长环境。

1. 亲子班课程

亲子班课程是适龄的婴幼儿和陪护养育者以一大一小的形式共同参加的系列教育活动。不同类型的亲子班课程可以满足不同家庭的需求，家长可以根据孩子的特点和时间灵活选择，可以单选，也可以组合。通常来说，课程内容主要是按照年龄阶段进行划分，如有些托育机构从婴儿6个月开始，以3个月为分班年龄段，有些机构以半岁作为分班年龄段，组织不同的单元活动，每周1次的活动即为1个单元，每个单元中以亲子游戏构成系列活动，且单元之间的内容相互衔接。此外，为了满足家庭的个性化需求，托育机构还设置了其他课程。当前托育机构亲子班课程大致分为综合亲子课程、适应亲子课程和特色亲子课程三种类型。①

综合亲子课程通常以婴幼儿的月龄为划分依据，月龄越小，课程划分越细致。1岁以前往往以3个月为周期进行课程划分，如7～9个月，10～12个月。而1岁以后划分的周期就会增加，如13～18个月或19～24个月等，周期增加到5～6个月，这样的划分更有利于教师从婴幼儿的同一发展水平和需要出发，设计针对性较强的综合课程和活动。综合亲子活动设计根据婴幼儿的月龄，将有益于婴幼儿身心发展的环境因素、活动内容等纳入课程体系，通过家长和孩子的共同参与，使婴幼儿认知与语言、动作、社会性和

---

① 本书编写组.0—3岁婴幼儿托育机构实用指南[M].南京：江苏凤凰教育出版社，2019：37-38

情绪等方面得到充分发展。

适应亲子课程重点在于婴幼儿对集体生活的“适应”和“准备”，也就是利用亲子互动与陪伴，有效地支持婴幼儿从养育者陪伴的家庭式生活走向独立生活与集体生活，即从家庭教养模式向集体教养与家庭教养结合的模式过渡。一般而言，幼儿2岁以后，越来越渴望独立自主的活动和接触更丰富多元的世界，对社交的需求也越来越大，家庭已经不能满足幼儿的这些诉求，家庭也就有了托育的需求。然而，从家庭到托育机构或者幼儿园，幼儿的生活环境和生活方式等都发生了很大的变化，使其在生理、心理和生活习惯等方面面临挑战，容易产生分离焦虑。与此同时，家长也会因为担心孩子不适应而产生焦虑的情绪。适应亲子课程可以让养育者共同参与，通过生活、游戏、运动、学习等活动形式支持幼儿在集体中独立自主地活动，具备基本的生活能力，以更好地参与集体生活和适应新环境。根据内容的需求，适应亲子课程可以分为入托适应亲子课程和入园适应亲子课程两类。其中，入托适应亲子课程建议24个月左右的幼儿参加，入园适应亲子课程建议30个月左右的幼儿参加。

特色亲子课程就是为了满足不同家长的需求，向不同的受众设计的特色课程。特色亲子课程是综合亲子课程的有益补充。从婴幼儿发展的角度来说，只要能支持婴幼儿感知觉、运动、语言、早期阅读、艺术等方面发展的内容都可作为特色亲子课程的内容。如音乐课程，通过丰富的视觉、听觉刺激，配合身体动作让婴幼儿体验音乐、表现音乐；语言课程通过多看、多听和多说，促进婴幼儿语言发展，提供思维的培养等；涂鸦课程锻炼婴幼儿的手指动作，以及对艺术的感受力和创造力。但值得注意的是，特色亲子课程是通过特色的课程内容、丰富的活动形式，在增进亲子关系的同时促进婴幼儿的全面发展，并非培养婴幼儿的特长或过度学习超龄的内容。

2. 亲子班作息与活动安排

亲子班的时间作息和活动安排，侧重于亲子班班次的安排。因为这类机构的活动，并非严格按照半日或全日进行，而是灵活根据亲子时间以计时的方式组织，通常是以1～1.5小时为宜，在活动时间的安排上要尽量兼顾婴幼儿的实际情况。表5.2.4是亲子班作息与活动安排范例。

表 5.2.4 综合亲子课程安排表（45 ~ 46 分钟 / 次）

顺序	亲子活动内容	时间安排
1	自主游戏与家园沟通	5 ~ 10 分钟
2	热身律动或体能活动	10 分钟
3	问候与交往	5 ~ 10 分钟
4	精细操作与认知	10 分钟
5	音乐律动或体能活动	5 ~ 10 分钟
6	艺术启蒙或早期阅读	10 分钟
7	团体游戏	5 ~ 10 分钟

由以上可以看出，该课程内容指向婴幼儿不同的发展领域，共 7 节，每节内容的时长为 5 ～ 10 分钟。当然，亲子活动可以根据婴幼儿的年龄、班次以及实际需求灵活安排和调整，动静交替。此外，活动与活动之间最好有一定的重叠和连续性，内容之间的关联性和连续性可以较好帮助婴幼儿获得、强化和巩固经验，以达到其最近发展区。这样既可以保证整个学期所有活动间的整体联系，也可以通过循序渐进的活动形式，让婴幼儿在不同发展方面获得提升。

推荐阅读

（1）陈玲．托育机构运营管理实务手册 [M]．上海：复旦大学出版社，2020.

（2）洪秀敏．婴幼儿托育服务机构设置标准的国际经验与启示 [M]．北京：北京师范大学出版社，2019.

（3）华爱华，黄琼．托幼机构 0—3 岁婴幼儿教养活动的实践与研究 [M]．上海：上海科技教育出版社，2006.

任务评价

请你对本次任务进行评价。

学习评价表

主题	内容	优秀	良好	一般	较差	很差
学习态度	能准时参加全部课程，按时提交作业，及时查阅教师上传的学习材料	5	4	3	2	1
专业知识	理解托育机构教育活动的形式	5	4	3	2	1
研讨精神	积极参与讨论，对其他人的发言能提出合理的分析和见解	5	4	3	2	1
团队协作	能很好地融入课堂小组讨论，共同推进学习进程	5	4	3	2	1
沟通交流	能够清晰准确地表达自己的观点，与他人交流时态度语气恰当	5	4	3	2	1
人文素养	能够关注教育管理知识，有意识地树立职业精神	5	4	3	2	1
信息素养	会检索常见课程、教育管理文献数据库，主动阅读文献	5	4	3	2	1
实践应用	掌握托育机构教育活动的组织和安排	5	4	3	2	1
自我小结						

项目六

托育机构的卫生保健、膳食及安全管理

项目目标

1. 了解托育机构的卫生保健管理、膳食管理、安全管理等工作。

2. 能够完成托育机构的卫生保健工作；能够对婴幼儿进行科学合理的喂养；能够做好婴幼儿的安全教育和托育机构的安全措施制定。

3. 培养学生热爱婴幼儿照护事业，具有良好的职业操守。

学习重难点

学习重点：

掌握科学合理喂养婴幼儿的方法。

学习难点：

托育机构常见意外伤害的预防与处理。

思维导图

- 托育机构的卫生保健、膳食及安全管理
  - 托育机构的卫生保健管理
    - 托育机构卫生保健制度及要求
      - 健康检查制度
      - 卫生消毒及隔离制度
      - 传染病防治制度
      - 卫生保健登记、统计制度
      - 家长联系制度
    - 相关人员一日卫生保健工作安排
      - 保健人员一日卫生保健工作安排
      - 托育人员一日卫生保健工作安排
      - 炊事人员一日卫生保健工作安排
  - 托育机构的膳食管理及喂养
    - 托育机构的膳食管理
      - 膳食卫生管理
      - 餐具清洁消毒管理
    - 婴幼儿的喂养
      - 纯母乳喂养
      - 配方奶喂养
      - 婴幼儿辅食
  - 托育机构的安全管理
    - 托育机构常规安全管理
      - 建立健全安全管理制度
      - 严格把控接送关
      - 进一步加强消防安全管理工作
      - 家园共话安全教育
      - 培养婴幼儿自我保护意识
    - 常见意外伤害的预防与处理
      - 发生意外伤害的原因
      - 意外伤害的急救原则
      - 常见意外伤害的预防
      - 常见意外伤害的处理

任务一

结合实际情况，了解托育机构卫生保健管理的基本内容

任务描述

托育机构是婴幼儿集体生活、活动的主要场所，婴幼儿比较集中，且年龄较低，身体各个系统发育尚不完善，因此托育机构是各类传染病易交叉传染的场所。卫生保健管理工作对于托育机构而言有着极其特殊的重要性。

1. 扫描二维码，研读相关文件，完成工作表单 1。
2. 到托育机构进行行业实践，填写工作表单 2。
3. 根据你在实践基地访谈与调研的情况，填写工作表单 3。

工作表单

工作表单 1

为加强托儿所、幼儿园卫生保健工作，切实提高托幼机构卫生保健工作质量，2019 年 9 月，中华人民共和国卫生部、中华人民共和国教育部联合印发《托儿所幼儿园卫生保健管理办法》（令第 76 号），中华人民共和国卫生部又于 2012 年 5 月印发了《托儿所幼儿园卫生保健工作规范》（卫妇社发〔2012〕35 号）。请认真研读以上 2 个文件，完成工作表单 1。

托儿所幼儿园卫生保健管理办法

托儿所幼儿园卫生保健工作规范

请思考：

1.《托儿所幼儿园卫生保健管理办法》与《托儿所幼儿园卫生保健工作规范》具有什么样的关系？

2. 如果你是托育机构的管理者，研读了这两个文件后，你会从哪些方面进一步规范托育机构的卫生保健工作？

工作表单 2

到托育机构进行行业实践，参与托育机构的晨间检查和全日观察，填写以下记录表。

××托育机构晨间检查及全日观察健康问题记录表

日期	姓名	班级	晨检情况（家长主诉）	全日观察情况	处理	检查者

备注：

1. 此表供托育机构保健人员使用，作为判断婴幼儿健康问题的主要依据。
2. 记录内容为晨间检查和全日观察中发现的婴幼儿健康问题。

工作表单 3

根据你在实践基地访谈与调研所了解的托育机构工作人员一日卫生保健工作情况，任选一类工作人员（保健人员、托育人员、炊事人员等），填写以下工作情况表。

××托育机构________人员一日卫生保健工作情况

序号	时间	工作内容
1		
2		
3		
4		
5		
6		
7		
8		
9		

续表

序号	时间	工作内容
10		
11		
12		
13		
14		
15		

学习支持

一、托育机构卫生保健制度及要求

（一）健康检查制度

1. 入机构前检查

（1）婴幼儿在进入托育机构前必须进行全身体格检查。对有传染病接触史的婴幼儿必须做胸部X线透视、肝功能检查等实验室检查，必须经过检疫期，无症状方可进入托育机构。同时要了解婴幼儿的疾病史、传染病史、过敏史、家族病史等。

（2）托育机构工作人员参加工作前必须进行体检，包括胸部X线透视、肝功能检查、粪便常规检查，以及阴道霉菌、滴虫检查等，健康检查合格并且无严重生理缺陷者方可就职。

2. 定期体格检查

（1）1岁以内的婴儿每季度体检一次。1～3岁幼儿每半年体检一次，3岁以上幼儿每年体检一次，每半年测量身高、体重一次。测量要准确并做好记录，进行健康分析、评价和疾病统计，托育机构的每名婴幼儿均应建立健康档案。

（2）托育机构工作人员应每年进行一次全面体检，发现肝炎或其他传染病须立即停职治疗。待痊愈后，持县（区）以上医疗单位的健康证明方可恢复工作。患慢性痢疾、乙型肝炎表面抗原阳性、滴虫性阴道炎、化脓性皮肤病、麻风病、结核病、精神病等工作员应调离托育机构相关工作岗位。

3. 晨间检查

托育机构以“晨检”这一独特的方式拉开每天的序幕。晨检是托育机构每天与婴幼儿接触的第一个窗口，是每个托育机构需执行的一项健康检查。晨检的内容包括一摸：摸婴幼儿的手心、额头有无发烧；二看：看咽部、皮肤和精神；三问：问在家饮食、睡眠、大小便情况，有无咳嗽、腹泻等症状；四查：根据传染病流行情况对易感儿进行检查，同时检查有无可能将易造成意外伤害的物品、器械携带入园，发现问题及时处理。

4. 全日健康观察

由于婴幼儿年龄较小，表达能力差，如出现疾病，病情变化快，所以，托育机构除应每天对婴幼儿进行晨间检查外，还应进行全日健康观察，这是托育机构卫生保健工作的重要内容之一。今日健康观察包括精神、情绪、食欲、大小便、体温及五官的观察。传染病流行期间，还要针对典型症状进行鉴别。对于出现异常迹象的婴幼儿应做好观察记录，并及时通知家长。

（二）卫生消毒及隔离制度

1. 环境卫生

（1）建立健全室内外环境清扫制度。每天一小扫，每周一大扫。分片包干，定人、定点、定期检查。要消灭蚊、蝇、蟑螂等害虫。

（2）婴幼儿玩教具要保持清洁，定期清洗、消毒。

（3）保持室内空气流通、光照充足，室内要有防蚊、防蝇设备。冬天也要定时开窗通风换气。

（4）厕所要清洁通风，定时打扫并消毒。婴幼儿使用的便盆每次用后要刷洗干净，每日用消毒液浸泡。

2. 个人卫生

（1）婴幼儿每人二巾一杯，日常生活用品要专人专用，每天做好消毒工作。

（2）婴幼儿饭前、便后要用流动的水洗手，玩玩具、翻看图画书后均应洗手。

（3）饭后漱口，鼓励婴幼儿每日早晚刷牙。

（4）定期洗头、洗澡。

（5）每天洗脚、洗屁股，洗屁股巾要每天消毒。

（6）每周剪一次手指甲，每两周剪一次脚指甲。

（7）手绢要专人专用，每日换洗，婴幼儿尿不湿要勤更换。

（8）保持婴幼儿服装整洁，衣服、被褥要勤洗勤晒。

（9）保护婴幼儿视力，室内要注意采光。看电视时间不宜过长，每次不宜超过 30 分钟，观看时不要离得太近。

（10）工作人员应保持仪表整洁，勤洗头、洗澡，勤剪指甲，饭前、便后和给婴幼儿开饭前均应抹上肥皂，用流动的水冲洗双手。与婴幼儿接触时不抽烟。

3. 消毒隔离制度

（1）每个托育机构均应设立保健室，并根据本机构条件建立隔离室或观察床，隔离室用品要专用。

（2）婴幼儿及工作员患传染病应立即隔离治疗，所在班要彻底消毒。患者待隔离期满痊愈后，经医院开具证明方可回园（所）或班。

（3）患病婴幼儿需专人护理，仔细观察，按时服药和喂饭。

（4）对患传染病的婴幼儿所在班和与传染病患者接触过的婴幼儿进行检疫、隔离、观察，检疫期间不办理入托和转托手续，托育机构婴幼儿不混班，不串班，检疫期满后无症状者方可解除隔离。

（5）婴幼儿离开托育机构 3 个月以上应进行健康检查后方可再次入托育机构。

（6）工作人员家中及婴幼儿家中发现传染病人时应立即报告园（所）领导，采取相关措施。

（三）传染病防治制度

（1）贯彻“预防为主”的方针，做好经常性的预防工作。

（2）按年龄及季节完成防疫部门布置的预防接种工作（要求麻疹、脊髓灰质炎的接种率在百分之九十五以上，百白破、卡介苗接种率在百分之九十以上），建卡率达百分之百。凡有禁忌证者不应接种或暂缓接种（儿童基础免疫有关问题详见卫生部颁发的《全国计划免疫工作条例》）。

（3）及时了解疫情，发现传染病要及时报告，做到早预防、早发现、早报告、早诊断、早治疗、早隔离。实行及时正确的检疫措施，对所在班级进行严格的终末消毒，对接触传染病的婴幼儿立即采取必要的预防措施，并按各种传染病规定的检疫期进行检疫。检疫期间不办理入托和转托手续，降低传染率。杜绝脊髓灰质炎、白喉、麻疹、猩红热、百日咳的发生，控制肝炎的暴发和续发。

（4）在传染病流行期间不要带婴幼儿到人多的公共场所。

（5）加强体格锻炼，增强婴幼儿体质，提高对疾病的抵抗力。

（四）卫生保健登记、统计制度

建立健全各种登记、统计制度。一般有以下几种记录表、簿需要按时登记：出勤登记表、传染病登记表、疾病登记表、晨间检查记录表、预防接种记录表、体弱儿管理记录表、体格检查记录表、缺点矫治记录表、膳食调剂记录表、体格锻炼观察表、意外事故登记簿、家长联系簿。卫生统计要求做好体格发育评价、膳食评价及出席率、缺点矫治率、各种常见病患病率、传染病发病率、预防接种率等统计。

（五）家长联系制度

采取多种方式与家长加强联系，争取家长配合。定期召开家长会，经常向家长宣传婴幼儿卫生保健知识，定期布置好卫生宣传窗。婴幼儿如无故缺席，要及时与家长进行联系，共同做好婴幼儿保健工作。

二、相关人员一日卫生保健工作安排

（一）保健人员（见表 6.1.1）

表 6.1.1 保健人员一日卫生保健工作安排

序号	时间	工作内容
1	7:30—8:30	晨间检查
2	8:30—8:50	填写晨间检查记录表
3	8:50—9:20	检查各班体格锻炼情况
4	9:20—9:50	检查婴幼儿喂哺情况
5	9:50—10:10	检查各班吃水果、点心情况
6	10:10—10:30	检查食材是否新鲜，炊事人员是否按量制作，工作程序是否规范
7	10:30—11:00	进厨房检查饭菜准备情况及分发情况，填写膳食调剂记录表
8	11:00—11:50	巡视各班午餐情况，检查婴幼儿进食量及饮食卫生习惯，并做好记录
9	11:50—12:30	到班上为生病婴幼儿喂药
10	12:30—14:30	保健人员就餐，巡视婴幼儿午睡情况
11	14:30—15:00	检查婴幼儿起床后的情况
12	15:00—15:30	检查婴儿喂哺情况及婴幼儿吃点心情况
13	15:30—16:00	离园婴幼儿家长的接待工作
14	16:00—16:30	检查班上擦手毛巾、杯子的清洗情况，检查各班寝室地面的清扫情况，检查保健人员一日工作操作程序的落实情况，检查园内的安全情况，收回班级全日观察表

（二）托育人员（见表 6.1.2）

表 6.1.2 托育人员一日卫生保健工作安排

序号	时间	工作内容
1	7:30—7:45	开窗通风，准备婴幼儿喝的开水
2	7:45—8:30	接待婴幼儿进班
3	8:30—8:50	填写出勤登记表、疾病登记表
4	8:50—9:20	带婴幼儿到户外活动和进行体格锻炼

续表

序号	时间	工作内容
5	9:20—9:50	组织婴幼儿进班、喝水、如厕，喂哺小龄段婴幼儿
6	9:50—10:10	组织幼儿吃水果、点心
7	10:10—10:50	开展美工、语言、音乐等活动
8	10:50—11:00	组织婴幼儿喝水、如厕
9	11:00—11:50	组织婴幼儿进餐
10	11:50—12:20	组织婴幼儿到户外散步或者听睡前故事
11	12:20—12:30	组织婴幼儿如厕，做好睡前准备
12	12:30—14:30	组织婴幼儿午睡，托育人员就餐
13	14:30—15:00	组织婴幼儿起床
14	15:00—15:30	喂哺小龄段婴儿及组织婴幼儿吃点心
15	15:30—16:00	接待家长，组织婴幼儿离园
16	16:00—17:00	打扫室内外卫生，湿扫，湿抹，活动室空气消毒，配奶间清洁及用品消毒，清洗水杯、毛巾并消毒，盥洗室清洁及用品消毒，关闭门窗、水电，倾倒垃圾

（三）炊事人员（见表 6.1.3）

表 6.1.3 炊事人员一日卫生保健工作安排

序号	时间	工作内容
1	7:30—8:00	验收采购的食材，并验收入库
2	8:00—8:30	餐具、炊具的清洗消毒（饭桶、菜盆、大勺、砧板等）
3	8:30—9:30	准备水果、早点等
4	9:30—10:00	午餐淘米蒸煮，食材整理加工
5	10:00—10:40	加工烹饪午餐，饭菜烹饪后送配餐间分配，碗筷消毒后送入配餐间
6	10:40—11:00	饭菜汤送班，碗勺分发进班
7	11:00—11:30	到各班了解婴幼儿进餐情况
8	11:30—12:20	准备教师饭菜
9	12:20—12:30	给教师打饭菜
10	12:30—13:00	炊事人员吃饭
11	13:00—14:00	清理锅灶，收拾、清洗、消毒餐具、炊具
12	14:00—14:50	准备婴幼儿下午的点心及辅食

续表

序号	时间	工作内容
13	14:50—15:00	发放婴幼儿下午的点心
14	15:00—15:30	记录当天食材的用量、剩菜剩饭情况等
15	15:30—16:30	收拾午餐后的餐具，打扫卫生，整理厨房，盘点，等等

推荐阅读

（1）托儿所幼儿园卫生保健工作规范.

（2）托儿所幼儿园卫生保健管理办法.

任务评价

（1）请思考托育机构卫生保健制度有哪些。

（2）请你对本次任务进行评价。

学习评价表

主题	内容	优秀	良好	一般	较差	很差
学习态度	能准时参加全部课程，按时提交作业，及时查阅教师上传的学习材料	5	4	3	2	1
专业知识	掌握托育机构卫生保健制度及要求，了解托育机构保健人员、托育人员、炊事人员的一日卫生保健工作安排	5	4	3	2	1
研讨精神	积极参与讨论，对其他人的发言能提出合理的分析和见解	5	4	3	2	1
团队协作	能很好地融入课堂小组讨论，共同推进学习进程	5	4	3	2	1
沟通交流	能够清晰准确地表达自己的观点，与他人交流时态度语气恰当	5	4	3	2	1
人文素养	能够关注管理学人文知识，有意识地树立职业精神	5	4	3	2	1
信息素养	会检索常用的管理专业文献数据库，主动阅读管理学文献	5	4	3	2	1
实践应用	能够设计托育机构保健人员、托育人员、炊事人员的一日卫生保健工作流程	5	4	3	2	1
自我小结						

任务二

结合相关政策及调研，讨论托育机构的膳食管理及喂养操作方式

任务描述

婴幼儿生长发育旺盛，每天必须从膳食中获得充分的营养物质，才能满足其需要。托育机构须科学合理地管理婴幼儿膳食，保证其安全、卫生，从而促进婴幼儿生长发育，为婴幼儿健康成长保驾护航。

1. 扫描二维码，完成工作表单 1。

2. 分组到托育机构参观调研，完善工作表单 2。

3. 观察托育机构食堂的食品包装，是否有商品标志、出产地、厂名、生产日期、批号、规格、保质期限等，填写工作表单 3。

工作表单

中华人民共和国食品安全法

工作表单 1

课前老师发布学习任务：扫码研讨《中华人民共和国食品安全法》，完成工作表单 1。

条目	内容	你的理解
食品安全标准		
食品生产经营的一般规定		
禁止生产经营的食品相关产品		

工作表单 2

以班级为单位，分组到托育机构参观调研，完善工作表单 2。

××托育机构膳食卫生观察记录表

观察项目	观察内容	发现问题
厨房卫生		
库房卫生		
工作人员卫生		

工作表单 3

进一步观察该托育机构的食品包装，是否有商品标志、出产地、厂名、生产日期、批号、规格、保质期限等，填写工作表单 3。

××托育机构 ________（盐、油等）包装观察记录表

名称	规格	是否符合要求
生产日期		
保质期		
贮存条件		
成分 / 配料表		
批号		
重量 / 容量		
出产地		
厂名		

学习支持

一、托育机构的膳食管理

（一）膳食卫生管理

托育机构的饮食管理应严格按照《中华人民共和国食品安全法》执行。托育机构的食品必须在经过卫生防疫部门检验合格的超市购买，进货必须索要食品卫生相关证件。托育机构食堂必须具有餐饮服务许可证（发放单位是法定单位并盖有公章），并在有效期内，经营范围与实际相符。托育机构炊事员、食堂管理员必须具有有效的健康证明，持证上岗。

1. 食品卫生管理

（1）托育机构食品必须保证新鲜洁净，食品包装必须有商品标志、出产地、厂名、生产日期、批号、规格、保质期限等。

（2）食品加工前应检查原料的卫生质量，不合格的原料不得选用。

（3）食品粗加工必须做到荤素食品分池清洗，一般应设 2 ～ 3 个水池。洗涤拖把的水池必须与食品清洗池分开。蔬菜要先洗后切，不得将切好的菜长时间泡在水里。

（4）严格将生熟分开，砧板、抹布、容器、餐具均有生熟标记，不得混用。生食与熟食应使用不同的冰箱分开储存。生食在冰箱内存放不得超过 2 周，熟食在冰箱内存放不得超过 3 天。生熟用具分开并有明显标记，杜绝交叉污染。

（5）灶台保持清洁，做到无油腻、无浮尘、无食物残渣，排气罩不滴油。工作结束后做好地面、灶台的清洁工作。婴幼儿的辅食制作要有专用的器具和炉灶。

（6）烹饪饭菜时，尽可能保存食品的营养素，加热食品时必须充分，使食品每个部位均匀受热。

2. 厨房卫生管理

（1）托育机构厨房必须具有餐饮服务许可证（发放单位是法定单位并盖有公章），并在有效期内，经营范围与实际相符。

（2）厨房环境整洁，无蟑螂，无蝇，定期消毒。

（3）厨房必须有烧好的饭菜存放间。存放间内不设洗水池及下水道，以减少污染途径。饭菜存放间可摆放消好毒的各班婴幼儿餐具、当天烹饪好的食品或各班已分装好的食品。

（4）烧好的饭菜，必须按各班实到人数、按带量食谱的数量分装到各班的容器内。有些荤菜尽量按个数块数分装，如虾、鸡腿（翅）、排骨、鱼块等，以保证每个人的摄入量。

（5）消好毒的餐具及送饭菜、点心进班的容器要加盖加罩。用送饭车或电梯送饭菜，每天使用前应由专人用消毒液清洗擦拭餐车或电梯，并有消毒记录及责任人签字。

3. 库房卫生管理

（1）托育机构内要设专用的食品库房，面积不小于 4 平方米，并有专人负责。库房光线明亮，通风良好。如奶粉等食品在班级可进行橱柜式管理。

（2）库房应设在食堂旁，物品出入库有登记账目，并有发货人和领货人及两人以上签字，库房随时锁门。

（3）库房内的食品和用品要分不同货架存放，物品要有标签，食品要加盖，防止潮湿、霉变、挥发。所有食品均要有采购时间、保质期记录。库房的食品不宜储存过多，粮油米可一个月一购。

（4）食堂要配备冰箱或冰柜，可以放在库房内，如放在库房外，则必须上锁。

（5）库房内的粮食要放入专用储具，防鼠、防潮。库房要安装纱门、纱窗，定时开窗通风。

（6）非库房人员不得随意入内。库房管理人员可定期轮换，做到定期盘点、核算，物品丢失或账目有错时，要仔细查找原因，做到账、物相符。

（7）注意库房的清洁卫生，每日一小扫，每周一大扫，使库房无霉味，食品不变质、无虫蛀。

4. 工作人员卫生管理

（1）炊事员、食堂管理员必须具有有效的健康和培训证明，持证上岗。

（2）炊事员、食堂管理员上班一律穿工作服，戴工作帽，工作服必须保持清洁。

（3）炊事员必须注意个人卫生，勤洗澡，勤理发，勤换衣，勤剪指甲。食堂管理员每周至少检查一次炊事员个人卫生。

（4）炊事员应做到工作前洗手，加工食品后再加工熟食前洗手，大小便后洗手，做卫生后洗手。

（5）炊事员应做到“四不”，即不随地吐痰，不抽烟蹲坐，不面对食品咳嗽、打喷嚏，不穿拖鞋和戴首饰上班。

（二）餐具清洁消毒管理

1. 餐具的清洁消毒

（1）餐具清洗程序：去残渣—去油腻—冲洗—消毒—固定位置存放。

（2）餐具消毒设备齐全：要有餐具清洗池、冲洗池，有消毒柜及消毒药液。

（3）餐具消毒要求：餐具必须清洗干净后才能消毒。消毒时的温度、时间及化学性消毒药品的浓度都必须达到规定的要求。餐具消毒后要保持清洁，必须将其存放于专用的保洁柜内，严防灰尘、鼠、蝇、蟑螂等，餐具保洁柜内禁止放置其他物品。

2. 炊具的清洁消毒

（1）刀具、砧板要一刮、二洗、三冲、四消毒、五保洁。

（2）厨房每日用消毒灯消毒，餐台、保洁柜每日清洗、消毒。

（3）冰箱每周清理一次。留样不得与生食共用冰箱，留样盒每次用后清洗干净，高温消毒。

（4）灶台明亮无油腻，地面保持干燥，每日用清水拖干净。防蚊、蝇、鼠、蟑螂、壁虎等。

（5）运送食物的电梯每日清洗、消毒一次，运送饭菜的餐车每日清洗、消毒。

二、婴幼儿的喂养

（一）纯母乳喂养

国家卫生健康委于2021年1月发布了《托育机构保育指导大纲（试行）》（国卫人口发〔2021〕2号），文件明确指出7～12个月继续母乳喂养，13～24个月继续母乳或配方奶喂养，由此可见母乳喂养的重要性。

1. 母亲喂哺

托育机构内应设置母婴室，以方便母亲对需要母乳喂养的婴幼儿进行喂哺。母亲可分上午、下午两次到托育机构喂哺。母婴室应配置靠背椅、跷脚凳、尿布台、桌子、洗手池、肥皂、消毒毛巾等。

（1）每次哺乳前，先给婴幼儿换好尿不湿，母亲洗净双手，用消毒后的毛巾擦干净乳房、乳头。

（2）喂哺时母亲坐在椅子上，斜抱婴幼儿，用一只手臂托住婴幼儿头枕部，让婴幼儿嘴部贴近乳头，使婴幼儿含住大部分乳晕，能听到吞咽声。

（3）当母乳充足时，每次哺乳为10～20分钟，婴幼儿每次吃饱后可睡2小时左右。当母乳不足时，婴幼儿吸吮费力，会哇哇大哭，或者会吃一会儿，睡一会儿。这时母亲可用手按摩乳房，帮助出乳。

（4）两侧乳房轮流喂哺，喂空一侧乳房后再喂另一侧。下次喂时，先喂上次未排空的一侧乳房。

（5）母亲要身心愉快，睡眠充足，摄入充足的营养，多喝汤水，这样可促进乳汁的分泌。

2. 托育机构代授母乳

托育机构还应配置专门存放母乳的冰箱、奶瓶、温奶器、消毒柜等。母亲可将母乳挤出来，用专用的母乳袋、母乳奶瓶密封后送入托育机构。

（1）家长应根据自己宝宝的食量选择大小合适、密封性好的储存容器，储存前应确保容器干净无菌，切勿装得太满。

（2）记下挤出母乳的日期、奶量和宝宝姓名，可分成大小两种规格，大瓶 90 ～ 120 毫升，小瓶 30 ～ 60 毫升，以便婴幼儿喝不饱时用小瓶进行补充，减少浪费。每次储存时务必在奶瓶表面贴上醒目的标签，注明年月日时，原则上先食用最早批次。

（3）室温 20℃的情况下，母乳可存放 4 小时左右。夏季天气炎热，母乳放置时间不要超过 2 小时。在 0 ～ 4℃的冷藏环境中可保存 2 ～ 4 天；冷冻储存可达 3 ～ 6 个月。

（4）在解冻母乳时不可直接用开水泡，应先用冷水冲洗密封奶瓶，或放置在冷藏环境中慢慢解冻退冰，再隔水加热至 40℃左右。不可直接用炉火或者微波炉加热母乳，防止高温加热破坏母乳的营养成分。

（5）保育人员应将相应的婴幼儿抱于怀中进行喂哺。

（二）配方奶喂养

（1）在托育机构内更多采用配方奶粉进位喂哺，因其更为方便。配方奶粉由家长带来，一般每 3 小时喂 1 次，按产品说明进行冲调。

（2）冲调配方奶粉的水温为 40℃左右，以滴至成人手腕处不凉不烫为宜。

（3）在婴幼儿清醒的状态下，先给婴幼儿换好尿不湿，然后由保育人员将婴幼儿斜抱在怀中，给婴幼儿垫好围嘴巾，将奶瓶呈 45°，奶要充满整个奶嘴，防止因吸入空气而导致婴幼儿呛奶和肠绞痛。

（4）0 ～ 3 个月，每日总奶量 600 ～ 700 毫升，每日喝 6 ～ 8 次。4 ～ 6 个月，每日总奶量 800 毫升。7 个月以后每日总奶量 800 ～ 1000 毫升。满 1 岁以后，每日总奶量 500 ～ 600 毫升。2 ～ 3 岁，每日总奶量 400 毫升。

（5）喂奶前要清洗双手，戴口罩。每次喂完奶后应清洗奶瓶，将洗干净的奶瓶放入高温消毒柜消毒、备用。

（三）婴幼儿辅食

1. 添加辅食的原则

一般 4 ～ 6 个月开始添加辅食，添加辅食的目的主要是提升婴幼儿的咀嚼和吞咽能力。托育机构应根据婴幼儿的年龄特点制作辅食。为婴幼儿添加辅食应遵循由单种到多种，由少量到多量，由稀到稠，由细到粗，少盐而不甜、忌油腻的原则。

（1）由单种到多种的原则。每添加一种新的食物，都要在前一种食物食用 3 ～ 5 天没出现任何异常之后。具体做法可以从添加最不容易出现过敏的米粉开始，观察添加后婴幼儿的神态和大便、皮肤的情况，如果婴幼儿活泼、爱吃，没有喘，没有长荨麻疹，也没有腹痛、腹泻，就可以继续添加，3 ～ 5 天后就可以添加第二种食物了。

（2）由少量到多量的原则。所谓的少量是指第一次只给 10 毫升左右；第二天加至 20 毫升；第三天加至 30 毫升。当喂 30 毫升无异常表现才可以再加量。增加的量要适合婴幼儿的胃容量和消化吸收能力。

（3）由稀到稠的原则。婴幼儿从吃米汤到稀粥到稠粥到软饭的过程就是从稀到稠原则的最好例子。稀的概念是指用勺子舀起食物后，倾斜勺子时食物会呈液态流淌下去；稠的概念是指食物黏在一起成团，从勺里往外倒时，食物是成团滚落下去的。

（4）由细到粗的原则。细指细腻到没有颗粒感的程度，而粗则是一个渐变过程。从米糊—烂面条—碎面条—馄饨—包子—饺子，从菜汁—菜泥—菜末—碎菜，都包含着这一变化。

（5）少盐而不甜、忌油腻的原则。盐以其离子状态维持着人体渗透压，而肾靠浓缩和稀释功能维持着人体水和电解质的平衡。与成人相比，婴幼儿肾功能尚不完善，给 8 个月前婴儿食物中加盐，必定会增加其肾的负担，时间一长对肾的发育不利。现代科学研究还告诉我们从小“口重”，成人后患高血压的概率增加，患心脑血管病的概率也会随之增加。甜食会造成肥胖，油腻不利于消化。

另外，应在婴幼儿不生病时添加辅食。总之，要从婴幼儿生理特点出发，选择适宜的食物，循序渐进地添加，让婴幼儿胃肠道逐渐适应多样化的膳食。

2. 不同年龄婴幼儿辅食喂哺

4 ～ 6 个月婴儿可以添加米汤、米糊、果汁、菜汁等，每天 1 次。7 ～ 8 个月主要添加泥状食物，如米糊、粥、果泥、菜泥、土豆泥、南瓜泥等，可在每次喂奶前喂哺。9 ～ 10 个月是训练婴儿咀嚼、吞咽能力的关键期，可喂哺较粗糙的食物，如面条、馒头、山芋、土豆丁、小饼干等，还可给婴儿提供一些用于磨牙的食品，如磨牙饼干、烤馒头片、面包干等。11 ～ 12 个月，这时婴儿出牙 6 ～ 8 枚，可增加软饭、小馄饨、肉泥、豆制品、全蛋等，这时婴儿动手能力增强，可将食物切成便于其抓握的形状，如小薄片、小条状等。13 ～ 18 个月的幼儿出牙 8 ～ 16 枚，咀嚼、吞咽能力日渐加强，饮食尽量比成人的食物细、软、碎、烂一些，从两餐逐渐过渡到三餐，从以膳食为辅过渡到以膳食为主。另外加 2 ～ 3 次点心，逐渐减少幼儿的奶量，减少至每日 500 ～ 600 毫升。

3. 婴幼儿常用食物加工烹饪

（1）牛奶娃娃菜。

主料：娃娃菜 250 克。

配料：鲜牛奶 100 毫升、淀粉。

调料：食用油、盐。

做法：①娃娃菜洗净，切成 5 厘米左右的长条；②炒锅上火烧热，倒入少许食用油，烧至八成热时将娃娃菜放入锅内翻炒；③接着将鲜牛奶倒入锅内，然后倒入水淀粉翻炒片刻，待娃娃菜煮得软烂时加入适量的盐即可。

特点：味道鲜美，营养丰富。

（2）豆腐丸子。

主料：豆腐 2 块（200 克）。

配料：虾皮 40 克、淀粉。

调料：食用油、酱油、料酒、盐、葱。

做法：①将豆腐压成泥，加上虾皮末和淀粉，并加入适量的酱油、料酒、盐、葱一起调匀；②在锅内倒入适量的水，烧开，将豆腐泥挤成大小适中的丸子后放入锅内；③待丸子上浮后，加入适量的盐和食用油调味即可。

特点：不油不腻，鲜香适口。

（3）山药肉片。

主料：山药 300 克、猪肉 100 克。

配料：淀粉。

调料：食用油、盐、酱油、糖、葱。

做法：①将山药去皮，切成片，入沸水烫熟捞出，然后泡在清水备用；②将猪肉切成片状，加上适量盐拌匀，再加上适量水淀粉拌匀，葱斜切成小段待用；③炒锅上火烧热，倒入适量食用油，烧至六成热时放入猪肉片炒熟，出锅待用；④锅里余油烧热后，先下葱段煸出香味，然后下山药片继续煸炒，再倒入炒好的猪肉片，最后放入适量的酱油、糖、盐，翻炒均匀即可。

特点：荤素搭配，不油不腻。

（4）金玉满堂。

主料：黄瓜、胡萝卜、玉米粒、虾仁、黑木耳。

配料：淀粉。

调料：食用油、料酒、盐、白糖、葱姜末。

做法：①将胡萝卜切成丁状，入沸水烫熟捞出备用；②将黄瓜切成丁状，用盐渍 10 分钟，沥干水分备用；③虾仁解冻，沥干水分后倒入油锅中煸炒，放葱姜末、料酒、白糖、盐少许，待虾仁变色不透明后起锅备用；④炒锅洗净，倒入食用油，烧至六成热时首先倒入黄瓜翻炒，变绿后，倒入胡萝卜、玉米粒、碎黑木耳、虾仁，最后放入适量盐、白糖、水淀粉翻炒均匀即可。

特点：种类多样，营养丰富。

（5）南瓜山芋焖饭。

主料：大米 250 克。

配料：南瓜 150 克、山芋 150 克。

调料：食用油、盐、糖。

做法：①将南瓜、山芋切成小丁，入沸水烫熟捞出备用；②将大米倒入开水里，煮至八成熟后捞出备用；③炒锅洗净，倒入食用油，烧至六成热时倒入南瓜、山芋丁和八成熟的米饭，加入适量的盐、糖进行翻炒；④盖上锅盖焖数分钟，待米饭全部煮熟即可。

特点：咸甜适中，美味可口。

推荐阅读

（1）中华人民共和国食品安全法 .

（2）中华人民共和国食品安全法实施条例.

任务评价

（1）通过本次学习，你会辨认食品包装上的商品标志、出产地、厂名、生产日期、批号、规格、保质期限等了吗？

（2）请你对本次任务进行评价。

学习评价表

主题	内容	优秀	良好	一般	较差	很差
学习态度	能准时参加全部课程，按时提交作业，及时查阅教师上传的学习材料	5	4	3	2	1
专业知识	掌握托育机构的膳食管理要求，了解托育机构婴幼儿的喂养方法	5	4	3	2	1
研讨精神	积极参与讨论，对其他人的发言能提出合理的分析和见解	5	4	3	2	1
团队协作	能很好地融入课堂小组讨论，共同推进学习进程	5	4	3	2	1
沟通交流	能够清晰准确地表达自己的观点，与他人交流时态度语气恰当	5	4	3	2	1
人文素养	能够顾关注管理学人文知识，有意识地树立职业精神	5	4	3	2	1
信息素养	会检索常用的管理学专业文献数据库，主动阅读管理学文献	5	4	3	2	1
实践应用	能够科学合理喂养托育机构不同年龄段的婴幼儿	5	4	3	2	1
自我小结						

任务三

通过实际操作，加强对托育机构安全管理的认识

任务描述

婴幼儿探索欲望强，什么都想摸一摸、看一看、尝一尝，但因其年龄小，对周围环境缺乏正确的认识，自我保护能力差，所以常发生意外。因此，托育机构既要对婴幼儿进行初步的安全教育，更要实施有效的安全措施来呵护其健康成长。

1. 自学一个适合婴幼儿年龄特点的安全小故事，拍摄成视频。
2. 扫描二维码，填写工作表单 1。
3. 扫描二维码，填写工作表单 2。

工作表单

工作表单 1

课前老师发布学习任务：自学一个适合婴幼儿年龄特点的安全小故事，讲述给身边的婴幼儿听，并拍摄成视频做分享。

工作表单 2

扫码了解《托育机构消防安全指南（试行）》，填写工作表单 2。

托育机构消防安全指南（试行）

××托育机构消防管理观察记录表

序号	条目	内容
1	消防安全基本条件	
2	消防安全管理	
3	用火用电用气安全管理	
4	易燃可燃物安全管理	

续表

序号	条目	内容
5	安全疏散管理	
6	应急处置管理	

工作表单 3

婴幼儿擦伤的处理办法

扫码观看婴幼儿擦伤的处理方法，并尝试进行实操，填写工作表单 3。

婴幼儿擦伤处理记录表

错误的方法	正确的方法	注意事项

学习支持

一、托育机构常规安全管理

托育机构的安全管理是托育机构工作人员和广大家长的重要工作。婴幼儿身体的各个系统尚处于不断发育的过程中，其机体组织非常柔嫩，极易受损伤，且易感染各种疾病。同时，婴幼儿的认知水平较低，缺乏自我保护意识，容易发生意外事故。因此，托育机构既要对婴幼儿进行初步的安全教育，更要实施有效的安全措施来呵护其健康成长。

（一）建立健全安全管理制度

托育机构的管理者在安全检查中起着宏观把控的作用，在进行安全管理的过程中，要根据本机构的实际情况把婴幼儿可能出现的大小事故列进安全措施的条款里，将事故消灭在萌芽之中，保证婴幼儿在托育机构的每一地方、每一时间、每一环节都受到无微不至的关心与照顾，保证婴幼儿在安全的环境中健康成长。

建立健全托育机构安全管理制度，管理者要做到“执章必严”，工作人员“有章必依”“违章必究”。将制度落到实处，发挥它应有的功效。安全工作是托育机构的生命线，因此托育机构应设立专门的安全员工作岗位，要求安全员每周巡视、检查机构内外设施、器具等的安全情况，如有损坏或不安全的因素，做好记录，及时反馈给机构领导，并采取有效措施。

（二）严格把控接送关

认真做好交接工作，严格接送制度。托育人员或者门卫要坚持“一问、二看、三放行”的原则。所谓“一问”就是询问来者与婴幼儿的关系、单位及姓名。“二看”就是仔细查看来者携带的接送卡。没有接送卡的陌生人，一律不得进入托育机构。“三放行”就是对“一问二看”均合格者才给予放行。有效地堵住漏洞，切实保障婴幼儿的安全。

（三）进一步加强消防安全管理工作

国家卫生健康会、应急管理部于 2022 年 1 月颁布了《托育机构消防安全指南（试行）》（国卫办人口函〔2022〕21 号）。托育机构应根据文件要求，进一步加强消防安全管理工作，确保婴幼儿的安全和健康，文件主要包含六部分内容：

（1）消防安全基本条件。主要说明托育机构必须具备的消防安全基本条件。

（2）消防安全管理。主要说明托育机构在制定消防安全管理制度、开展消防安全培训、落实消防安全责任等方面的要求。

（3）用火用电用气安全管理。主要说明托育机构在用火用电用气方面的要求。

（4）易燃可燃物安全管理。主要说明托育机构在易燃可燃物管理方面的要求。

（5）安全疏散管理。主要说明托育机构在安全疏散方面的要求。

（6）应急处置管理。主要说明托育机构在应急处置方面的要求。

（四）家园共话安全教育

利用托育机构的家长园地、橱窗、板报等，多种途径多种形式向家长宣传安全教育。托育机构还可利用安全教育沙龙、讲座、主题讨论等形式架设与家长沟通的桥梁，有效防止安全事故发生。

（五）培养婴幼儿自我保护意识

托育指导师不仅有责任保护婴幼儿的生命安全，还有义务对婴幼儿进行初步的、最基本的安全指导和教育，从而逐步提高婴幼儿预见危险、排除危险、保护自己的能力。托育指导师应针对婴幼儿开展丰富多彩的安全教育活动，包括各种游戏、学习、训练、实践活动等。对婴幼儿的安全教育必须根据婴幼儿的身心发展水平和特点进行，注意正面引导和随机教育，把安全教育落到实处。

二、常见意外伤害的预防与处理

（一）发生意外伤害的原因

1. 危险意识缺乏

婴幼儿年龄小，对周围环境缺乏正确的认识，自我保护能力差，经常因茫然无知的行为引起意外伤害事故。如婴幼儿会突然从跷跷板上跳下；挥舞木棒玩耍时，丝毫考虑不到可能对别人造成什么危害；等等。

2. 好奇、好动、好模仿

婴幼儿好奇心强，对任何事物都想动手去摸，因此很容易发生意外伤害事故。如有的婴幼儿用手指去挖电源插座的小孔，就可能导致触电；喜欢模仿和尝试成人的行为，如玩打火机易造成火灾、烫伤；婴幼儿大多活泼好动，往往喜欢攀高、下跳、爬窗台、跨护栏等，容易坠落摔伤。

3. 骨骼和皮肤脆弱

婴幼儿的颅骨比成人薄，成人从床上摔下一般不会有严重后果，婴幼儿则容易发生颅骨骨折、颅脑损伤。接触热水时，婴幼儿比成人更易被烫伤。

4. 运动机能不完善

婴幼儿的骨骼、肌肉、关节的控制和协调运动的神经系统尚未发育完善，动作的协调性较差，反应不够灵敏，平衡能力差，加上婴幼儿又好动，因此容易跌伤、扭伤、骨折等。

5. 其他因素

各种客观的环境因素常常导致婴幼儿意外伤害的发生，如房屋过分拥挤，活动场地狭小，地面不平整，家具、墙柱不是圆角，玩具的边角锐利，等等，都可能是导致婴幼儿遭受意外伤害的原因。

（二）意外伤害的急救原则

1. 挽救生命

呼吸和心跳是最重要的生命体征。在常温下呼吸、心跳若完全停止 4 分钟以上，生命就有危险；超过 10 分钟则很难起死回生。如果患儿呼吸、心跳已很不规律，快要停止或刚刚停止时，不能机械地等待医生或送医院才做抢救，而应在现场立即进行心肺复苏（CPR），以期恢复患儿的自主呼吸，维持其血液循环。

2. 防止残疾

发生意外伤害后，在实施急救措施挽救生命的同时，还要尽量避免留下残疾。如婴幼儿发生严重摔伤时，有可能造成腰椎骨折，实施急救时不能用绳索、帆布等担架转运患儿，也不能抱或背患儿，这样会加重脊髓损伤，甚至造成其终身残疾，需用木质、铝合金之类的硬质平板担架转运患儿。

3. 减少痛苦

意外伤害造成的损伤往往是很严重的，常常会给患儿的身心带来极大的痛苦，因此在搬动、处理时动作要轻柔，语气要温和。必要时可用镇痛、镇静的药物进行辅助。

（三）常见意外伤害的预防

1. 防跌伤

（1）户外活动防跌伤。当婴幼儿进行户外自由活动及有组织的活动时，有各种原因可引起跌伤，所以，在婴幼儿进行户外活动前，应检查器械和活动场地，清除活动场地中的砖头、石块、碎玻璃、树枝等。检查婴幼儿的衣服是否符合活动时的要求，必要时挽起过长的裤腿，裤腿过宽可用皮筋扎住，提醒婴幼儿提高裤子、系紧鞋带等。

（2）室内防跌伤。活动区尽量宽敞，减少障碍物，防止婴幼儿游戏时因拥挤而绊倒跌伤，或因争抢玩具摔伤。盥洗室内应保持地面干燥，防止婴幼儿滑倒跌伤。婴幼儿居室的窗户、楼梯、阳台、睡床等都应设有栏杆，防止婴幼儿坠床跌伤。家具边缘最好是圆角的，以减少碰伤。

2. 防窒息

（1）婴幼儿睡眠时要注意观察有无口、鼻被堵。

（2）不给婴幼儿玩体积较小的玩具和物品，如小珠子、纽扣、棋子、别针、图钉、硬币等，以免塞入耳、鼻或放入口中误吞，造成耳、鼻、气管及食管有异物。

（3）3岁以下的婴幼儿最好不吃花生、瓜子、豆类、小果冻等食物。

（4）培养婴幼儿良好的饮食习惯，如进餐时细嚼慢咽，不哭、笑、打闹，防止异物进入呼吸道。

3. 防烫伤

给婴幼儿的水和饭菜都须是温热的；热水瓶、热粥、热锅等不要放在婴幼儿伸手能摸到的地方；暖气片应加外罩，避免婴幼儿直接接触造成烫伤；给婴幼儿洗澡时应先倒凉水，后加入热水，以免烫伤；教育婴幼儿不要玩火。

4. 防溺水

托育机构应远离公路、河塘等，以免发生车祸、溺水。教育婴幼儿不可去无安全措施的池塘、江河玩水或游泳。托育机构给婴幼儿洗澡、游泳时绝不可将其单独留在澡盆、水池中。

5. 防中毒

有毒物品放置在婴幼儿无法拿到的地方；保证食物的清洁和新鲜；冬季室内使用煤炉要注意通风，以免一氧化碳中毒；教育婴幼儿不吃脏东西，不捡食花草种子及落地果；教育婴幼儿不自己拿药吃，生病时遵医嘱按时服药。

6. 防交通事故

教育婴幼儿遵守交通规则，识别红绿灯；不在马路上玩耍。教育婴幼儿在街上走路时注意力要集中，注意看路面障碍，不东张西望，遵守交通规则，乘车时遵守乘车安全规则。

（四）常见意外伤害的处理

1. 外伤

（1）跌倒蹭破皮肤。婴幼儿在奔跑、跳跃时不慎跌倒，常蹭破肘部、膝盖等处的皮肤，尤其夏季更常见。

处理方法：首先需用凉开水或生理盐水将伤口处的泥沙清理干净，并进行消毒，再涂上防止伤口感染的软膏等，不需包扎。

（2）划伤。婴幼儿在使用小刀、剪刀等文具时不慎将手划伤，或被纸边、草叶、玻璃片等划伤。

处理方法：若伤口较浅，处理方法同上。若伤口较深，出血较多，应首先用干净的纱布按压伤口以止血。止血后在伤口周围由内向外消毒，涂上防止伤口感染的软膏，最后敷上消毒纱布后用绷带包扎。如果是被玻璃器皿扎伤，应先用凉开水或生理盐水清理伤口，再用消过毒的镊子清除碎玻璃片，消毒后进行包扎。

（3）挤伤。婴幼儿手指被门、抽屉等挤伤。

处理方法：若无破损，可用冷水冲洗、冷敷淤青部位。疼痛难忍时，可将受伤的手指高举过心脏以缓解疼痛。若有出血，应首先消毒，然后包扎，再进行冷敷。若指甲掀开或脱落，应立即送往医院处理。

（4）刺伤。竹刺、木刺扎入皮肤后，一般都有一部分露出皮肤，有刺痛感，应立即取出。

处理方法：先用凉开水或生理盐水将伤口清洗干净，然后用消过毒的针或镊子顺着刺的方向把刺全部挑、拨出来，并挤出淤血，然后再消毒。如果刺扎进指甲里或是金属刺，应立即送往医院处理。

（5）扭伤。多发生在四肢的关节部位。局部充血，皮肤肿胀，剧烈疼痛。

处理方法：首先检查有无骨折、脱臼。判断无骨折、脱臼后，应在疼痛肿胀部位立即进行冷敷，不能搓揉，24 小时后再热敷。如有骨折或脱臼，应立即送往医院处理。

2. 体内异物

（1）眼内异物。最为常见的是小沙粒、小飞虫等进入眼内，引起流泪、不适等。如果异物嵌入角膜，疼痛加剧。

处理方法：用温开水或眼药水冲出异物，或翻开眼睑用消毒棉签或干净柔软的手帕轻轻拭出异物。异物嵌入角膜时，应立即送往医院处理，切记提醒婴幼儿勿用手揉眼睛，以免擦伤角膜。

（2）鼻腔异物。婴幼儿由于好奇，常把豆粒、小珠子、纽扣、小纸团等较小的物品塞入鼻中，这不仅会影响呼吸，还会引起鼻腔炎症，甚至导致气管进入异物，因此应仔细观察，早发现早处理。

处理方法：用嘴深吸一口气，用手按压住无异物的一侧鼻翼，用力擤鼻子，将异物擤出。切勿用镊子夹取圆形异物，否则有可能将异物捅向鼻子深处，甚至落入气管，危及生命。豆粒等异物在鼻腔内泡胀了，也非常难取出。因此，若异物不能擤出，应立即送往医院处理。

（3）咽部异物。以鱼刺、碎骨头、瓜子壳、枣核等较多见，常扎在扁桃体或其周围，引起疼痛，吞咽时疼痛加剧。

处理方法：如异物肉眼可见，则可用镊子夹出。切不可采用喝醋、喝水、吞咽食物的方法，否则会将异物推向深处，加重损伤，若扎破大血管，十分危险。

若无法取出异物，应立即送往医院处理。

（4）喉、气管异物。婴幼儿进食或口含小物件时哭闹、嬉笑，就可能将食物或小物件吸入喉部或气管内。异物进入喉部、气管，会立即引起呛咳、呼吸困难、喘憋、面色青紫等现象。

处理方法：背部叩击法（0 ～ 1 岁婴幼儿）。救护者半蹲或坐在凳子上，将婴幼儿俯卧在救护者的一只手前臂上，用手掌托住其下巴（手臂可放在大腿及膝盖上），使婴幼儿身体略向前倾（头部低于躯干），用另一只手的手掌根部叩击婴幼儿两肩胛骨中间位置，用力连续向前、向下叩击 5 次。若异物未排出，将婴幼儿翻转为仰卧位，在婴幼儿两乳头连线中部下一横指位置用食指和中指快速冲击性按压胸部 5 次，重复进行背部叩击和胸部冲击，直至异物排出。

海姆立克手法。①立位腹部冲击法。对于意识清醒的婴幼儿，救护者站或跪在患儿身后，用双臂紧紧环绕婴幼儿胸腹部，一手握空心拳，拳眼顶在胸骨与肚脐连线的中点，另一手紧住该拳，快速向内向上连续冲击 5 次，冲击后放松片刻即再次重复此操作，直至异物排出。②仰卧位腹部冲击法。对于无知觉的婴幼儿，将其仰卧，救护者一只手的掌跟置于患儿腹部正中线、肚脐上方两横指处，不要触及剑突。另一只手放在第一只手背上，两手掌根重叠，放在上腹部，快速向内向上有节奏地连续冲击性按压 5 次，冲击后放松片刻即再次重复此操作，直至异物排出。检查口腔，如异物被冲出，救护者迅速用手将异物取出。检查呼吸、心跳，如无呼吸，立即进行心肺复苏（CPR）。

（5）外耳道异物。常见的外耳道异物有小石块、纽扣、豆类、草棍、小纸团等，常因婴幼儿玩耍时放入。外耳道异物常引起耳鸣、耳痛。豆类异物遇水膨胀后，可继发感染引起外耳道炎。昆虫类异物多在婴幼儿睡眠时进入外耳道，在外耳道内爬动，可引起瘙痒、疼痛。较大的异物可引起听力障碍及反射性咳嗽。

处理方法：异物进入外耳道后，可让婴幼儿将头偏向异物侧，单脚跳；昆虫进入外耳道后，可用灯光对着外耳道口，引诱昆虫爬出；切不可用小棍捅、镊子夹。若上述方法未奏效时，应送往医院处理。

3. 烧（烫）伤

在婴幼儿烧（烫）伤中，因开水、热粥、热汤等烫伤者占首位，火焰烧伤次之，化学烧伤、电器击伤也时有发生。

Ⅰ度烧（烫）伤：表皮红、肿、痛，但不起水疱。

Ⅱ度烧（烫）伤：在皮肤浅层有水疱，疼痛。若烧伤达真皮层则为深度烧伤，痛觉迟钝。

Ⅲ度烧（烫）伤：烧伤达真皮深层，皮下组织、神经、血管、肌肉及骨骼等均受到破坏，并伴有全身症状。

处理方法：迅速脱离烧（烫）伤源，并立即用流动的冷水冲淋伤处 15 分钟，以使局部降温，然后根据需要脱掉衣服（若衣服粘在皮肤上，不可强脱，可用剪刀将周边衣服剪掉），再用清洁纱布覆盖创面，以防污染。Ⅰ度烧（烫）伤可在局部涂獾油或烧伤膏。Ⅱ度或Ⅲ度烧（烫）伤可用消毒纱布或干净床单等覆盖创面，不要刺破水疱，不可涂抹烧伤药膏，防止局部感染。立即送往医院处理。

4. 溺水

婴幼儿在无监护状态下到河边游泳、玩水，是造成溺水的主要原因。

处理方法：婴幼儿溺水后，应立即将其救出水面，尽快清除口、鼻内的泥沙、污物，打开气道，保持呼吸道通畅。解开衣领和裤带，将婴幼儿匍匐在救护者的膝盖上，头朝下按压腹部，将婴幼儿体内的水控出来。检查呼吸、心跳，如无呼吸，立即进行心肺复苏（CPR）。同时拨打急救电话或送往医院急救。

5. 中毒

（1）食物中毒。食物中毒是由于进食被细菌及其他毒素污染的食物，或摄入含有毒素的动植物如发芽的马铃薯、未熟透的四季豆等引起的急性中毒。食物中毒潜伏期短，可集体发病，多以急性胃肠道症状为主，如恶心、呕吐、腹痛、腹泻等症状，严重者可伴有高热、脱水、酸中毒，甚至休克。

处理方法：首先用压舌板、筷子或勺子轻轻刺激咽部，引起反射性呕吐，紧接着立即将患儿送往医院。

（2）一氧化碳中毒。冬季室内用煤炉取暖，若通风不良、烟囱阻塞、漏气或倒灌等可能引起一氧化碳中毒。中毒轻者感到头痛、头晕、耳鸣、眼花、恶心、四肢无力。中毒重者呼吸困难、昏迷，甚至死亡。

处理方法：立即将患儿移至空气新鲜处，解开衣扣，清除呼吸道分泌物，保持呼吸道通畅。同时注意患儿保暖，以促进血液循环。患儿中毒严重的话需立即拨打 120 急救电话，同时进行心肺复苏（CPR）。

（3）药物中毒。多因药品保管不善或婴幼儿服药核查不仔细而导致误服，从而引起中毒。

处理方法：①误服腐蚀性很强的药物，对食道和胃黏膜刺激很大，应立即喝生蛋清、牛奶、稠米汤或豆浆之类的东西，它们可以附着在食道和胃黏膜上，起到保护的作用。初步处理后立即送往医院进一步处理。②误服非腐蚀性药物时应立即催吐，用压舌板、筷子或勺子轻轻刺激咽部，引起呕吐后送往医院处理。③送患儿去医院时要把误服的药瓶带上，供医生抢救时参考。

6. 出血的处理

（1）血管出血。

①毛细血管出血，血液从伤口渗出，量少，色红。

处理方法：一般不需包扎，用消毒棉球压迫止血即可。

②静脉出血，血液持续不断地缓慢流出，色暗红。

处理方法：用干净的纱布按压伤口以止血。止血后在伤口周围由内向外消毒，涂上防止伤口感染的软膏，最后敷上消毒纱布后用绷带包扎。

③动脉出血，血流速度快，量多，呈节律性喷出，色鲜红。

处理方法：指压止血法，可用指压止血法作为临时的止血措施，用拇指压住出血的血管上端（近心端），压闭血管，阻断血流。

加压包扎止血法，小动脉出血，伤口不大，可用消毒纱布、棉花等做成软垫放在伤口上，以增加压力，再紧紧绑扎止血。

止血带止血法，出血严重时，可将止血带绑扎在伤口的上端，绑扎前应先垫上毛巾或布片，然后每隔半小时放松 1 次，绑扎时间总共不得超过两小时，以免肢体缺血坏死。做初步处理后，应立即送医院救治。

（2）鼻出血。婴幼儿鼻出血的原因很多，如外伤、鼻黏膜干燥、挖鼻孔、用力擤鼻涕、鼻内异物以及上呼吸道感染、发热等均可引起鼻出血。

处理方法：①安慰婴幼儿不要紧张，安静地坐着，张口呼吸，头略向前低，防止血逆流入口腔、咽喉。②捏住鼻翼 5 ～ 10 分钟，同时用湿毛巾冷敷鼻部和前额。③若不能止血，可用纱布卷、脱脂棉等塞入鼻孔。④止血后 2 ～ 3 小时内不要做剧烈运动，避免再出血。⑤如果常发生鼻出血，且皮肤上常有出血的瘀斑，小伤口出血也不易止住，应去医院做全面检查，以诊断是否有血液系统疾病。

7. 脱臼

多因牵拉婴幼儿四肢时用力过猛而引起，多为肩关节、肘关节及桡骨头半脱位，表现为局部肿胀、疼痛、变形及功能障碍。

处理方法：立即送往医院进行复位。

8. 咬伤、蜇伤的处理

（1）狗咬伤。被狗咬后伤口深浅不一，轻者有牙痕，重者撕裂皮肉，还可能并发狂犬病。狂犬病的病程十分险恶，治愈率低，一旦发病，死亡率极高。

处理方法：婴幼儿被狗咬伤后，应对伤口立即挤血，而不是忙于止血。较小的伤口，可用肥皂水冲洗数次，再用消毒专用药液冲洗，特别注意对伤口深处的清洗。用干净纱布擦干后进行消毒，立即送往医院处理。为了预防狂犬病，被狗咬伤后必须注射狂犬疫苗。

（2）虫蜇（咬）伤。被虫蜇伤或咬伤也是婴幼儿期常见现象，农村较城市更为多发。

处理方法：一般蚊虫咬伤可涂清凉油或局部涂擦3%的氨水；若被蜜蜂刺伤，应先用消毒过的夹子将刺夹出来，然后在伤口处涂上弱碱性液体，如肥皂水、碱水或3%氨水。若是黄蜂蜇伤，应在伤口处涂弱酸性液体（黄蜂毒液呈碱性），如食醋、柠檬水等。

推荐阅读

（1）关于印发托育机构消防安全指南（试行）的通知[Z]. 国卫办人口函〔2022〕21号，2022-01-14.

（2）万钫. 学前卫生学[M]. 北京：北京师范大学出版社，2012.

任务评价

（1）请你针对某托育机构存在的安全隐患进行排查，并提出科学合理的安全措施。

（2）请你对本次任务进行评价。

学习评价表

主题	内容	优秀	良好	一般	较差	很差
学习态度	能准时参加全部课程，按时提交作业，及时查阅教师上传的学习材料	5	4	3	2	1
专业知识	掌握托育机构常规安全管理方法，熟悉托育机构意外伤害的预防与处理方法	5	4	3	2	1
研讨精神	积极参与讨论，对其他人的发言能提出合理的分析和见解	5	4	3	2	1
团队协作	能很好地融入课堂小组讨论，共同推进学习进程	5	4	3	2	1
沟通交流	能够清晰准确地表达自己的观点，与他人交流时态度语气恰当	5	4	3	2	1
人文素养	能够关注管理学人文知识，有意识地树立职业精神	5	4	3	2	1
信息素养	会检索常用的管理学专业文献数据库，主动阅读管理学文献	5	4	3	2	1
实践应用	能够排除托育机构常见的安全隐患，能够及时处理托育机构常见的意外伤害事故	5	4	3	2	1
自我小结						

项目七

托育机构的营销与招生管理

项目目标

1. 了解托育机构品牌建设流程、营销与招生的类型。

2. 能应用品牌建设、营销与招生的相关知识分析并解决托育机构营销与招生的实际问题。

学习重难点

学习重点：

托育机构品牌建设流程、营销与招生的类型。

学习难点：

托育机构品牌建设、营销与招生实际问题的分析与解决。

思维导图

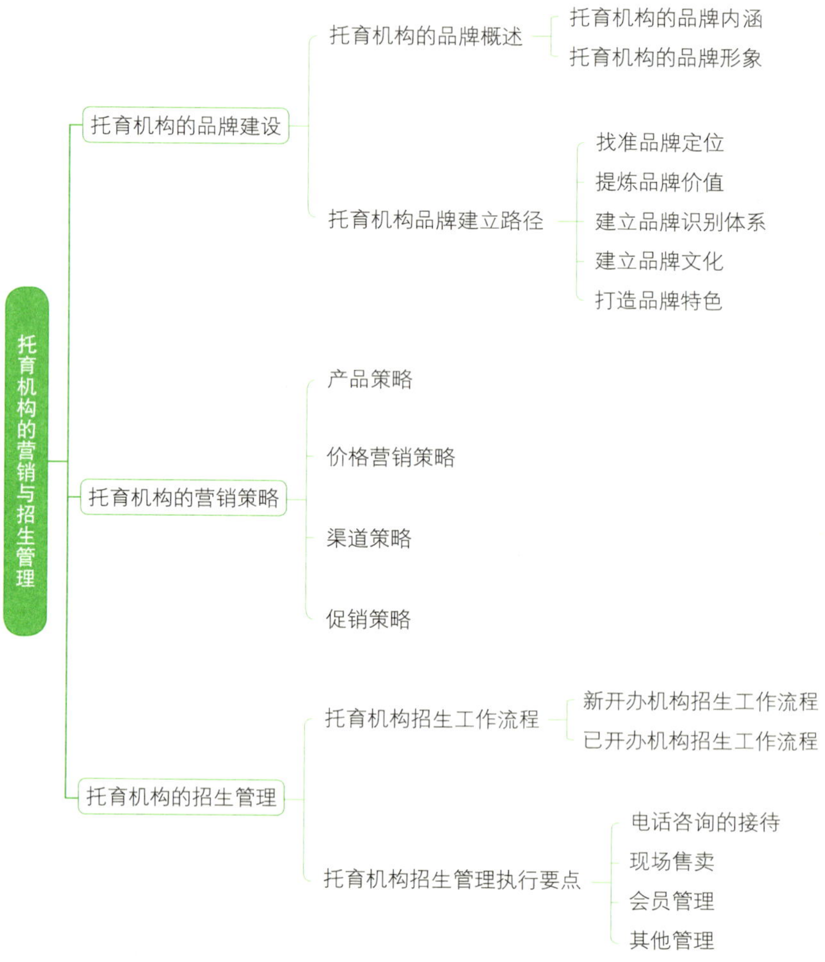
托育机构的营销与招生管理
托育机构的品牌建设
托育机构的品牌概述
托育机构的品牌内涵
托育机构的品牌形象
托育机构品牌建立路径
找准品牌定位
提炼品牌价值
建立品牌识别体系
建立品牌文化
打造品牌特色
托育机构的营销策略
产品策略
价格营销策略
渠道策略
促销策略
托育机构的招生管理
托育机构招生工作流程
新开办机构招生工作流程
已开办机构招生工作流程
托育机构招生管理执行要点
电话咨询的接待
现场售卖
会员管理
其他管理

任务一

分析国家政策及行业案例，讨论托育机构品牌建设之路

任务描述

托育机构品牌建设是指品牌拥有者对品牌进行规划、设计、宣传、管理的行为和努力。为了实现在消费者心中建立起个性鲜明的、清晰的品牌联想的战略目标，品牌建设的职责与工作内容主要为：制定以品牌核心价值为中心的品牌识别系统，然后以品牌识别系统统帅和整合企业的一切价值活动，同时优选高效的品牌化战略与品牌架构，不断推进品牌资产的增值并且最大限度地合理利用品牌资产。

1. 扫描二维码，小组讨论，完成工作表单 1。
2. 扫码分析案例，完成工作表单 2。

工作表单

工作表单 1

小组讨论

国务院办公厅关于发挥品牌引领作用推动供需结构升级的意见

扫描二维码，阅读《国务院办公厅关于发挥品牌引领作用推动供需结构升级的意见》并进行小组讨论：托育品牌建立的意义以及发展前景是什么？

意义

前景

某早教机构发展历程与优势

工作表单 2

案例分析

扫描二维码，分析案例并小组讨论：上述案例对你有何启示？谈谈托育机构的品牌建设策略。

学习支持

一、托育机构的品牌概述

（一）托育机构的品牌内涵

托育机构要成功运营，必须树立品牌意识。品牌最早起源于中世纪欧洲的行会（Guild），行会为了监督匠人的技能水平，强制要求将识别匠人用的标志（Mark）贴在产品上。此后，各地为了显示特产的优质，也在产品上附上标志。从 19 世纪后半叶起，制造商为了实施产品差别化，开始在产品上附上名称和记号，并向消费者进行广告宣传。托育机构的品牌就是指公众和家长对托育机构所提供的产品或服务的认知程度。它是用来识别机构的产品或服务，并使之与竞争对手的产品或服务区别开来的商业名称及其标志，通常由文字、标记、符号、图案和颜色等要素或这些要素的组合构成。托育机构品牌的内在要素由教育理念、服务定位、课程特色、园所文化、价值观等构成。

（二）托育机构的品牌形象

品牌形象是托育机构的脸面，是公众与家长对品牌的所有联想的集合体，它反映了品牌在消费者记忆中的图景。托育机构的品牌形象是一个综合性的概念，是一种资产，具有独特个性。托育机构品牌形象包含有形和无形两方面内容。有形的内容又称“品牌的功能性”，即品牌产品或服务能满足其功能性需求的能力。例如，托育机构具有减轻家庭婴幼儿照护压力和促进婴幼儿发展的功能。无形的内容主要指品牌的独特魅力，是营销者赋予品牌的，并为消费者感知、接受的个性特征。品牌形象可以用知名度和美誉度来考察。

二、托育机构品牌建设路径

（一）找准品牌定位

随着国家教育改革的日益深化，品牌已经成为现代托育机构经营与竞争中的核心问题。因此，托育机构的经营者要通过学习现代营销知识、现代教育管理知识，了解国内外托育机构发展的形势，审时度势，及时抓住机遇，树立起强烈的品牌开发战略意识，实施和推进本机构的品牌战略，进而找准品牌定位，包括理念定位、目标定位、规模定位、特色定位、文化定位等，为自身确定一个适当的市场位置，提升自己的核心竞争力，使托育机构在社会、家长、幼儿心中占领一个有利的位置。

（二）提炼品牌价值

托育机构品牌的核心价值提炼，必须进行全面科学的品牌调研与诊断，充分研究市场环境、行为特性、目标消费群、竞争者以及机构本身情况，为品牌战略决策提供详细、准确的信息导向，在此基础上，提炼高度差异化、清晰的、明确的、易感知、有包容性、能触动和感染消费者内心世界的品牌核心价值。同时，需进一步建立规范品牌识别系统，并把品牌识别元素执行到托育机构的所有营销传播活动中去。

（三）建立品牌识别体系

托育机构有了品牌意识，并找准自身的文化内涵和特色，以科研和教师力量助力品牌建设后，还需要从品牌名称、品牌标记、品牌基色等方面建立本托育机构独有的品牌识别系统。这些识别系统应具体界定托育机构营销传播活动的标准和方向，使托育机构品牌核心价值这个抽象的概念和托育机构日常活动有效对接，具有可操作性。同时要把托育机构品牌战略的文字性东西，分解到托育课程的研发、特色、渠道、广告、促销、服务等方面，甚至每个员工的行为上，只有这样才能在激烈的市场竞争中形成自身特色。

（四）建立品牌文化

托育机构品牌文化实质上是一种整体性的园所文化，它是在独特的文化环境内逐步发展形成的。优秀的机构文化与品牌建设密不可分，传统积淀、文化氛围、办园理念、学风、教风等要素构建起了托育机构品牌的根基。因此，在建设本机构文化时，需一方面重视物质环境的改善，合理布局机构建筑设施，环境整洁优美，充满生机与活力，使师幼在安全、舒心、优雅的环境中工作学习，增强机构的感染力；另一方面还应致力于精神环境的建设，形成本机构的文化符号和共识，使师幼自由、协调地发展。

（五）打造品牌特色

“保障质量、个性鲜明、特色彰显”是托育机构成长壮大的基本要求，更是一种实惠的宣传和最深入人心的广告。因此，托育机构首先应打造一支一流的保教队伍，遵循婴幼儿身心发展规律，开发和构建科学合理的课程活动方案，为婴幼儿提供高质量的托育服务。其次，托育机构还应不断吸收新理念、新知识和相关研究新成果，开拓创新。在注重保教质量的同时，根据家长和婴幼儿的个性化需求，打造个性鲜明、特色彰显的个性化托育方案。

推荐阅读

（1）胡林．东方爱婴与红黄蓝的发展战略比较研究［D］．北京：中国石油大学硕士论文，2019.

（2）金国壮，雷欣，邓靖秋．早教机构策划·运营·推广［M］．北京：化学工业出版社，2020.

（3）郭国庆，陈凯．市场营销学［M］．北京：中国人民大学出版社，2019.

任务评价

（1）小组讨论，托育机构应该怎样打造品牌？

（2）请你对本次任务进行评价。

学习评价表

主题	内容	优秀	良好	一般	较差	很差
学习态度	能准时参加全部课程，按时提交作业，及时查阅教师上传的学习材料	5	4	3	2	1
专业知识	了解品牌及品牌形象的内涵，掌握托育机构品牌建立路径	5	4	3	2	1
研讨精神	积极参与讨论，对其他人的发言能提出合理的分析和见解	5	4	3	2	1
团队协作	能很好地融入课堂小组讨论，共同推进学习进程	5	4	3	2	1
沟通交流	能够清晰准确地表达自己的观点，与他人交流时态度语气恰当	5	4	3	2	1
人文素养	能够关注营销与招生的知识，有意识地树立职业精神	5	4	3	2	1
信息素养	会检索常见的托育专业文献数据库，主动阅读托育文献	5	4	3	2	1
实践应用	能应用托育机构品牌建立相关理论分析并解决托育机构营销与招生的相关问题	5	4	3	2	1
自我小结						

任务二

结合案例，分析托育机构的营销策略

任务描述

托育机构的营销策略是以顾客需要为出发点，根据调查获得顾客需求量、购买力等信息，以及商业界的期望值，有计划地组织各项经营活动，是针对一定的目标市场所采用的一系列可测量可控的、旨在促进销售及提高机构声誉的活动，是多种营销方法例如产品、价格、渠道、促销、公关策略的综合。

1. 扫码分析材料，小组讨论，完成工作表单 1。
2. 扫码分析材料，完成工作表单 2。

工作表单

工作表单 1

案例分析

扫描二维码，分析材料《某托育机构品牌合作推广方案》，小组讨论此方案对你的启示，并举例说明。

某托育机构品牌合作推广方案

工作表单 2

案例分析

扫描二维码，分析材料《异业合作方案——儿童摄影合作方案》，小组讨论并举例说明托育机构如何与其他行业合作营销。

异业合作方案——儿童摄影合作方案

学习支持

营销策略是企业以顾客需要为出发点，根据调查获得顾客需求量、购买力等信息，以及商业界的期望值，有计划地组织各项经营活动。20 世纪 60 年代，麦卡锡提出了影响深远的 4Ps 组合策略，即产品策略、价格策略、渠道策略和促销策略，使人们从较为繁杂的营销变数中找到了最为重要的因素。托育机构想要在市场中占有一席之地，需要不断优化营销策略，关注市场的要素变化，调整营销思路，根据市场变化动态适应行业竞争。

一、产品策略

产品策略是企业为了在激烈的市场竞争中获得优势，在生产、销售产品时所运用的一系列措施和手段，包括产品定位、产品组合策略、产品差异化策略、新产品开发策略、品牌策略以及产品的生命周期运用策略。托育机构应该做好市场定位、服务产品差异化、产品组合等方面的工作。如托育机构的主要对象是 0 ～ 3 岁的婴幼儿，根据婴幼儿的年龄可以分为 0 ～ 1 岁、1 ～ 2 岁、2 ～ 3 岁；根据机构所处地域可以分为城市、县镇和农村；根据家庭收入可以分为高收入、中收入和低收入等。这些要素都可以作为托育机构细分产品的重要依据。其次根据机构的市场定位，可以从教育方案、课程方案、家庭支持方案、评估体系等方面寻求产品差异化。同时为了打造自己的核心竞争课程，托育机构应在必要的基础课程上对婴幼儿的心理发展相关知识进行学习，注重新课程挖掘，坚持课程的提高和创新。

二、价格营销策略

托育机构的价格营销策略是通过婴幼儿托育需求评估和成本分析，选择一种能吸引家长、实现市场营销组合的策略。价格在某种程度上影响着产品的销售，因此托育机构应以市场环境、所处地域、服务对象的消费水平为基准，灵活制定价格策略。其主要策略如下：

新产品定价可考虑撇脂定价法和渗透定价法。① 撇脂定价法即新产品上市之初，将价格定得较高，在短期内获取厚利，尽快收回投资。渗透定价法即在新产品投放市场时，定价尽可能低一些，其目的是获得最高销售量和最大市场占有率。托育机构应根据自身的市场定位合理选择新产品的定价策略，如果一开始就采取高位定价策略，不利于市场接受其新产品，可以通过分小课程进行低价体验的方式来扩大市场占有率。

---

① 金国壮，雷欣，邓靖秋．早教机构策划·运营·推广 [M]. 北京：化学工业出版社，2020：180-181

心理定价策略即根据消费者的消费心理确定价格，主要有尾数定价和声望性定价两种。尾数定价就如许多商品的价格定为0.98元或0.99元，使消费者产生一种“便宜”的错觉，比定为1元反应积极，有利于促进销售。声望性定价的目的一是提高产品的形象，以价格说明其名贵名优；二是实现购买者的自我满足，适应购买者的消费心理。

折扣定价策略即大多数企业通常酌情调整其基本价格，以鼓励顾客及早付清货款、大量购买或增加淡季购买。折扣定价分为现金折扣、数量折扣、贸易折扣、季节折扣、推广津贴等。托育机构不同的产品应选择不同的折扣定价方式，对于新产品可以采取直接限时打折供消费者体验；淡季和工作日的课程可以采取时间折扣；对于长期优质产品，可以采取数量折扣。

差别定价策略即企业往往根据不同顾客、不同时间和场所来调整产品价格，实行差别定价，即对同一产品或劳务定出两种或多种价格，但这种差别不反映成本的变化。主要有以下几种形式：对不同顾客群定不同的价格；不同的花色品种、式样定不同的价格；不同的部位定不同的价格；不同时间定不同的价格。如较为偏远和消费水平较低地区的托育机构可以采取较低价格以吸引顾客消费；对于气候相对恶劣的夏、冬两季，托育机构可随着季节的变化做出相应的定价调整。

三、渠道策略

渠道策略就是将产品或者服务通过合适的渠道交付给相应的消费者或客户，包括渠道的拓展方向、分销网络建设和管理、区域市场的管理、营销渠道自控力和辐射力的要求。托育机构可以根据自身的情况，将自己的销售渠道进一步深入到全国市场，形成全国渠道结构（总经销商—省级经销商—地级或省内几个区域经销商—县级经销商），借助标准化的课程开发和统一的师资培训，保证课程质量。托育机构还可以实行总代理制（典型的省级总代理或大区域总代理制）等。此外，机构还可寻求和幼儿园、婴幼儿奶粉品牌、大型购物商场、企业俱乐部等渠道合作，尽可能拓宽自身的产品销售渠道。

四、促销策略

促销策略是指企业通过人员推销、广告、网络宣传等各种促销手段，向消费者传递产品信息，引起他们的注意和兴趣，激发他们的购买欲望和购买行为，以达到扩大销售的目的。促销一般是通过两种方式：一是人员推销，即推销员和顾客面对面地进行推销；另一种是非人员推销，即通过大众传播媒介在同一时间向大量消费者传递信息，主要包括广告、网络宣传等多种方式。托育机构可根据自己的市场定位，定期到社区、月子中心、商场等地方，通过发送传单、优惠券，开设免费体验课程等方式，面向目标客户群体做宣传促销。同时机构还可适当选择一些平面媒体，以软广告的形式宣传，或以赞助、合作的方式冠名特定时段的儿童电视节目，穿插广告或课程演示，主要介绍其教学品质、教学环境以及教学效果，以增加品牌知名度。

资料链接

托育机构市场营销策划方案

扫码阅读材料，了解托育机构市场营销策略如何制定。

推荐阅读

（1）赵鲁云．南昌悦宝园早教中心营销策略优化研究 [D]．南昌：华东交通大学，2021.

（2）金国壮，雷欣，邓靖秋．早教机构策划•运营•推广 [M]．北京：化学工业出版社，2020.

任务评价

（1）假设你开有一家托育机构，你应该如何进行营销？

（2）请你对本次任务进行评价。

学习评价表

主题	内容	优秀	良好	一般	较差	很差
学习态度	能准时参加全部课程，按时提交作业，及时查阅教师上传的学习材料	5	4	3	2	1
专业知识	了解营销策略的内涵，掌握托育机构营销策略的基本方法	5	4	3	2	1
研讨精神	积极参与讨论，对其他人的发言能提出合理的分析和见解	5	4	3	2	1
团队协作	能很好地融入课堂小组讨论，共同推进学习进程	5	4	3	2	1
沟通交流	能够清晰准确地表达自己的观点，与他人交流时态度语气恰当	5	4	3	2	1
人文素养	能够关注营销相关知识，有意识地树立职业精神	5	4	3	2	1
信息素养	会检索常见的托育专业文献数据库，主动阅读相关文献	5	4	3	2	1
实践应用	能应用托育机构营销策略相关理论分析并解决托育机构营销与招生的相关问题	5	4	3	2	1
自我小结						

任务三

通过方案设计，掌握托育机构招生管理的策略

任务描述

稳定的生源是托育机构正常运营和生存发展的重要保障。因此，托育机构要根据自身的市场定位和目标群体，运用一系列的点子和创意进行构思、设计、谋划、导引，制定切实可行、高质高效的策划方案，吸引生源。

1. 扫码分析案例，小组讨论，完成工作表单 1。
2. 扫描二维码，小组讨论，完成工作表单 2。

工作表单

工作表单 1

案例分析

托育机构招生难题与误区

扫码分析案例，小组讨论：托育机构遇到招生难题和走进招生误区时对机构本身有哪些危害？怎样才能进行有效招生？

工作表单 2

小组讨论

早教托育机构新招生方案

扫描二维码，小组讨论，尝试设计托育机构招生方案。

学习支持

托育机构招生一般是指机构招收新学生。招生属于市场推广中的一个分支，中小型托育机构会设置市场部门，这个部门的工作方向包括品牌营销、市场推广两部分。所有的市场推广，离不开市场调研、投放执行、有效数据验证、优化调整四大环节。

一、托育机构招生工作流程

（一）新开办机构招生工作流程

（1）市场调查。首先需拟定市场调查计划，调查内容包括楼盘价格、入住率、周边社区成熟度、教育需求、竞争园的相关信息（包括数量、规模、档次、生源、收费、特色、口碑等）；其次需分配调查人员到周边调查区域（应覆盖周边5千米范围内）进行调查；最后调查人员整理调查报告，以书面报告加口头陈述的形式呈现。

（2）制定招生方案。组织招生会议，公布前期调查结果，确定招生方案；拟定招生形式（平面广告、入社区亲子活动、大型演出、入园体验等）及招生步骤；分配人员进行方案各部分的设计；会议讨论各部分方案实施细则并汇总，形成最终方案。见表7.3.1与表7.3.2。

表7.3.1 招生形式（一）

宣传形式	地点	用品准备
路牌广告	主要社区大门口	路牌
横幅广告	主要社区大门口	横幅
夹报宣传	园所周边报刊发行站	宣传单页
扫楼	园所周边沿线社区	宣传单页

（3）获取有效名单。入社区举办亲子活动时告知家长活动信息，第一次获取有效名单；在活动中，告知家长入园体验活动，第二次获取有效名单；在入园体验活动中，再一次获取有效名单；通过当地保健所等单位获取有效名单。

（4）跟进，确定意向。对获取的名单进行整理，通过综合分析地址远近、家庭收入、教育观念等因素初步判断入园可能性的大小，并做出标注；对名单中的家长逐个电话回访，邀约下一次活动。其中经分析入园意向较大的名单需重点、深入地跟进联系，尽量争取确定入园；经分析，对入园意向较小的婴幼儿家长也要进行常规性的回访联系；对完全拒绝的家长，从名单里删除；对犹豫不决的家长进行针对性说服，并对名单做标注；对愿意参与的家长表示感谢，并对名单做标注；在活动前工作日对有效名单中的家长进行再次邀约。

（5）入园体验。入园体验时，须先登记家庭资料，并做详细讲解；有入园意向的家长可现场建档或缴费；入园体验后两个工作日内，电话回访并了解未建档和未缴费的婴幼儿家长意愿，删除明确拒绝的名单；对意向不明确的家长再次邀约来园体验并最终确定入园意向。

（二）已开办机构招生工作流程

（1）制定招生目标。托育机构负责人根据每年婴幼儿的在园人数和园所状况，在学期初设置明确的招生目标，招生目标应具有可行性且符合园所未来三年的发展目标。随后把招生目标下发至招生小组。

（2）制定招生方案。招生小组负责人组织招生会议，根据负责人制定的招生目标，制定招生方案。招生方案应详细具体，包括招生人员、招生数量、招生活动方式（可包括社区亲子活动、大型演出、入园体验、教师和家长推荐等）与地点等。招生方案应多次讨论、反复论证而形成。随后把最终方案分发到每位成员，并且责任到人。

（3）开展招生工作。大型的招生活动应该由招生小组安排机构的教职工共同参与。各教职工应服从招生小组的安排，在活动中不得擅自离岗。招生形式应该多种多样，如入社区举办亲子活动、举办演出活动、发放传单等，争取在各种招生活动中获取有效名单。

表 7.3.2 招生形式（二）

宣传形式	地点	用品准备
小区咨询台发单	主要小区入口咨询台	咨询凳椅及伞、易拉宝、宣传册、宣传单、登记表、书、气球、教材、笔记本电脑等
广场演出活动	主要社区周边广场	印有 LOGO 的气球、印有 LOGO 的纸质皇冠、宣传册、宣传单、书包、舞台、背景幕布、音响设备、笔记本电脑、口哨、玩具巴掌、椅子、宣传展板、咨询台、易拉宝、登记本、水性笔、体验课程教具、游戏材料与道具、活动奖品
社区活动	主要社区	易拉宝、宣传册、宣传单、登记表、书、气球、书包、礼品、彩虹伞、便携音箱、录音机、咨询凳椅、伞、人偶

（4）填写资料，引导入托。对有意向的家长，招生小组引导其完整地填写新生入托申请表。在家长填完之后，招生小组向家长详细地介绍入托时间、入托流程和入托需要准备的相关资料。

（5）办理入托手续。招生小组引导婴幼儿家长在规定时间内办理入托手续，领取相关物品，指导家长填写婴幼儿入托登记表，同时在机构内张贴新生报名入托流程图，以便家长报名。

二、托育机构招生管理执行要点[①]

（一）电话咨询的接待

（1）电话咨询的服务对象：首次咨询服务项目的潜在顾客。

（2）电话咨询的服务目标：吸引潜在顾客到达机构内。

（3）接听咨询电话的步骤：亲切问好—了解需求—推介服务—资料记录—诚挚感谢。

接听电话咨询的技巧

1. 自报家门。
2. 了解顾客基本情况：
（1）明确顾客意图——了解托育基本情况还是准备为宝宝选择托育机构等；
（2）问清孩子年龄、性别、发展基本情况；
（3）是否接受过托育服务；
（4）对托育服务的期望、要求；
（5）介绍机构的教育理念与教育特色、优势；
（6）主推一种适合宝宝的课程或活动模式。
3. 留下联系电话和联系人。
4. 推荐近期相关活动，约定来机构试听或参观的大致时间。
5. 礼貌结束（祝您节日快乐、欢迎您带宝宝参加、如有其他帮助再打电话给我们等）。

注意事项：电话铃响三声之内，前台人员必须拿起电话接听，接听电话时语音亲切，态度和蔼。一般先主动说“您好，欢迎致电 ×× 托育机构，请问有什么可以帮您？”，而后开始交谈。

（二）现场售卖

现场售卖即向到达托育机构的顾客售卖课程以及其他服务项目。

（1）现场售卖的对象：到达现场的潜在顾客。

（2）现场售卖的目的：达成购买意向。

（3）现场售卖的步骤：亲切问好—了解需求—带领参观—办理手续—诚挚感谢。

① 金国壮，雷欣，邓靖秋．早教机构策划·运营·推广 [M]. 北京：化学工业出版社，2020：211-218

现场售卖的技巧

1. 顾客进门，销售人员立即起身上前招呼顾客，热情接待，态度和蔼，语音亲切："您好，请问您预约过吗？"如果顾客预约过，前台人员要叫出顾客的名字："您是 ×× 宝宝妈妈吧？"

2. 了解客户需求：

（1）问清孩子年龄、性别、发展基本情况；

（2）了解家长对教育的需求和认知程度；

（3）对托育服务的期望、要求。

3. 带领参观：按已经规划好的参观路线，自然而又有重点地介绍机构的特色，例如：设施上的人性化、课程上的专业性等。同时有目的地推介与顾客需求一致的服务内容。

4. 办理手续：达成购买意向后，带领顾客办理报名手续。顾客需要填写报名表，前台人员填写收据，请顾客在报名表和收据上签字确认。发开课通知书、会员卡。

5. 诚挚感谢：最后礼貌地与顾客道别，并且欢迎顾客带宝宝来上课。

注意事项：

（1）不要推销意味太浓，报名的热情，不报名的冷漠。促成报名最好，但不要让家长感觉机构急功近利。

（2）尽量为当时报名的顾客准备一份简单礼品，如免费杂志。

（3）遵守职业道德，不做不正当竞争，不说同行坏话，承认各家有各家之长，阐述机构的特色和优势，提供给顾客选择的权利。

（4）不牵扯到教师个人太多的问题，不给顾客对教师评头论足的机会，不提供关于公司背景太多的解释。

（5）不能承诺顾客关于孩子发展的硬性指标。意见可以听取，但在报名之时，尽量和顾客交流、规划孩子教育发展的内容。

（6）所有的优惠措施、期限、收费标准、每班人数要做到每个教师心中有数，统一口径，和顾客解释的时候干脆利索，不得含糊。

（7）把"交钱"一词改为"办手续"。

（8）祝福语结束。"祝您在这里能学到新的育儿理念，祝宝宝在这里快乐成长。""如您在育儿方面有什么问题，请及时与我们沟通，欢迎你们母子下周准时上课。"

（三）会员管理

会员管理的主要内容包括招生前准备、招生期服务、开课期服务、插班管理、升班期服务、结课期服务等。

（1）招生前准备。设定招生目标：根据机构实际情况合理制定招生目标，包括招生人数、预定开班数。

排定课表：根据计划招生人数及计划开班数制定课程的开班数。在排定课表时要根据宝宝的大致生活规律安排合理的上课时间。

温馨提示：7—9 月、10—12 月这两个班，一般安排在上午上课。下午

1—2 点、2—3 点尽量不要安排课程。在宝宝年龄适合的情况下，排定课表时要考虑连班的排定方法。

资料准备：会员卡、报名表、电话咨询记录表、开课通知单、课程介绍宣传单等。

（2）招生期服务。招生期：从机构开始宣传到开课的第四周为止。

资料准备：会员卡、报名表、开课通知单、课程介绍宣传单等。

办理报名手续：填写报名表—会员选班—收取费用—家长签字—发给家长会员卡及开课通知单。

（3）开课期服务。迎接会员：站在前台的人员见到宝宝和家长进入，要主动迎接，并请家长签到。

课中服务：上课时间未到的宝宝要及时电话联系了解情况，如果是宝宝请假，前台人员就要在宝宝签到表上记录下原因；及时清洁环境，保证机构内卫生；关注哭闹的宝宝，协助教师做好哭闹宝宝的安抚工作。

课后服务：亲切问候上完课的宝宝，及时关注宝宝及家长的情绪。送别宝宝及家长。

（4）插班管理。插班手续：填写报名表—会员选班—收取费用—家长签字—发给家长会员卡及开课通知单。如果有宝宝插班学习，在学费中减去宝宝未上课程的费用。

（5）升班期服务。设定招生目标：根据托育机构实际情况合理制定招生目标，包括招生人数、预定开班数、预计升班率。

排定新一期课表：根据计划招生人数及计划开班数制定课程的开班数。在排定课表时要根据宝宝的大致生活规律安排合理的上课时间。

资料准备：会员卡、报名表、电话咨询记录表、开课通知单、课程介绍宣传单等。

（6）结课期服务。会员档案管理：将本期会员资料按班级顺序整理好，存档。

教具整理：将所有教具盘点后分类整理好。物资要贴标识备案。

（四）其他管理

投诉管理工作中，最重头的环节在于投诉预防工作，所谓防范胜于救灾，重视投诉预防并大力推行之，将客户不满屏蔽于最初阶段，充分利用最前端的资源解决问题，可以避免问题的升级及增加机构的实际投入。

顾客投诉处理的步骤：聆听—理解—澄清—回应—确认。

（1）聆听。聆听是整通电话成功的关键。往往有时候答案就隐含在顾客提供的信息中。认真地聆听能使我们在最短时间内抓住顾客言语中的主要信息，从而有效地了解顾客的意愿。只有真正了解了顾客的意愿，才能更好地提出解决的方案或者建议。

（2）理解。理解是能与顾客继续沟通下去的重要因素。在聆听的过程当中，站到顾客的立场替他想想，自然地表现出自己的同情心，这能迅速拉近与顾客之间的距离。顾客会觉得工作人员是理解他并且愿意帮助他的。

（3）澄清。澄清是使顾客感到受重视而不可缺少的环节。顾客表达对服务的不满后，与顾客确认他所说的内容，确保自己理解的信息跟顾客描述的一致。还可以顺带多问一句："请问除此以外还有没有其他让您感到不满的？"这样会让顾客感觉受到重视，无形中给了他一种成就感和满足感，有利于安抚顾客的情绪。

（4）回应。回应是解决问题的实际性的一步。顾客投诉的目的不仅是发泄自己的不满，隐藏在背后的是希望给机构改正的机会，并在得到满意的处理结果后，还会再次光顾。所以在整通电话的后期阶段，通常应向顾客表明机构接下来将会怎么做，让顾客能放心地信任机构，并以平和的心态放下电话。同时在对话当中适时地给予顾客简短的回应如"我明白了""我能理解""好的"等，让顾客知道工作人员是在认真听他讲话，这能使整通电话比较和谐地进行。

（5）确认。确认是争取得到顾客认可的不可缺少的一步。处理投诉电话的最后一步是确认。同顾客确认他是否认同解决问题的方案。因为，方案的提出可能只是机构单方面的想法和意愿，而沟通是需要双方参与和回应的。这就需要征求一下顾客的意见："请问您认为这样做好吗？"这样既方便其他同事开展后续的工作，同时也能提高顾客的认同程度。

资料链接

扫码了解托育机构招生宣传的实施方案与步骤。

托育机构招生宣传实施方案范例

推荐阅读

（1）何磊．未来托幼机构科学保教规范管理指南［M］．北京：化学工业出版社，2019.

（2）王海燕．托幼机构管理［M］．北京：清华大学出版社，2019.

任务评价

（1）小组合作，设计一个托育机构营销策划方案及招生方案。

（2）请你对本次任务进行评价。

学习评价表

主题	内容	优秀	良好	一般	较差	很差
学习态度	能准时参加全部课程，按时提交作业，及时查阅教师上传的学习材料	5	4	3	2	1
专业知识	了解招生管理的内涵，掌握托育机构招生策划与管理的方法路径	5	4	3	2	1
研讨精神	积极参与讨论，对其他人的发言能提出合理的分析和见解	5	4	3	2	1
团队协作	能很好地融入课堂小组讨论，共同推进学习进程	5	4	3	2	1
沟通交流	能够清晰准确地表达自己的观点，与他人交流时态度语气恰当	5	4	3	2	1
人文素养	能够关注营销与招生的知识，有意识地树立职业精神	5	4	3	2	1
信息素养	会检索常见的托育专业文献数据库，主动阅读托育文献	5	4	3	2	1
实践应用	能应用托育机构招生策划与管理相关理论分析并解决托育机构营销与招生的相关问题	5	4	3	2	1
自我小结						

项目八

托育机构的其他事务管理

项目目标

1. 了解托育机构家长工作的定位、内容与形式。
2. 掌握托育机构物品与财务、文案与信息管理的内容及措施。
3. 培养学生较强的沟通能力以及管理能力。

学习重难点

学习重点：
了解托育机构家长工作的内容与形式。
学习难点：
掌握托育机构物品与财务、文案与信息管理的内容及措施。

思维导图

- 托育机构的其他事物管理
  - 家长工作
    - 家长工作的内容、形式与要求
      - 家长工作的内容
        - 教师指导家庭教育的工作
        - 家长参与机构的评教工作
        - 家长参与机构管理工作
      - 家长工作的形式
        - 集体形式
        - 个别形式
    - 教师与家长的关系定位与沟通
      - 教师与家长的关系定位
      - 教师与家长沟通的原则
      - 教师与家长沟通的策略
  - 托育机构的物品与财务管理
    - 托育机构的物品管理
      - 托育机构物品管理的内涵
      - 托育机构物品管理的措施
    - 托育机构的财务管理
      - 托育机构财务管理的内涵
      - 托育机构财务管理的措施
  - 托育机构的文案管理
    - 文案管理的内容
    - 文案管理的措施
  - 托育机构的信息管理
    - 信息管理的内容
    - 信息管理的措施

任务一

结合案例《家园“难”沟通》，分析托育机构家长工作的方式

任务描述

家庭是托育机构重要的合作伙伴，机构应本着尊重、平等、合作的原则，争取家长的理解、支持和主动参与，并积极支持、帮助家长提高教育能力。新时代背景下，理解托育机构中家长工作的内容、形式与要求，以及教师与家长的关系定位与沟通，能够帮助家长更好地了解自己的孩子，引导家长给予孩子高质量的教养。同时，托育机构也应充分利用家长资源，实现家园优势互补，合作共育，促进孩子健康成长。

1. 小组讨论，完成工作表单 1。
2. 查阅相关资料，完成工作表单 2。
3. 分析案例，完成工作表单 3。
4. 根据工作表单 4，设计家园沟通情况分析表。

工作表单

工作表单 1

小组讨论

我国著名的教育家陈鹤琴先生说过：“幼稚教育是一种很复杂的事情，不是家庭一方面可以单独胜任的，也不是幼稚园一方面能单独胜任的，必定要两方面共同合作方能得到充分的功效。”托育机构和家庭只有共同合作，教师和家长只有相互沟通，才能形成教育合力。小组讨论：家园合作具有什么积极的意义？

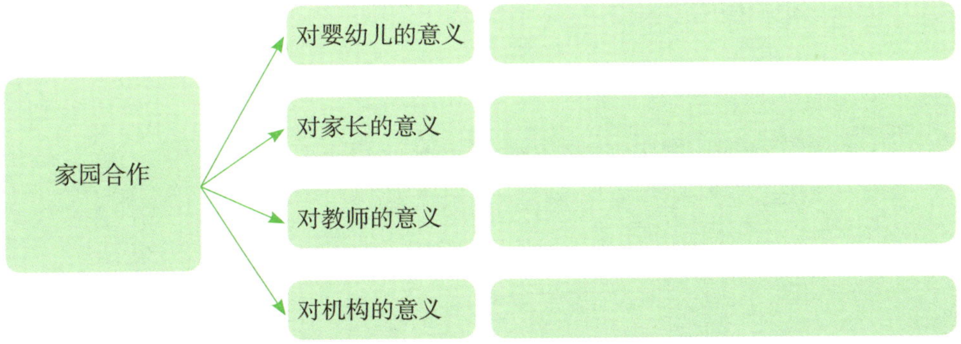

工作表单 2

托育机构中家长工作的内容包含婴幼儿一日生活的方方面面，家长工作的方式也是多样化的。托育教师应根据具体情况，选择合适的沟通与合作方式。查阅资料，分享托育机构家长工作的形式有哪些。

集中形式	个别形式

工作表单 3

案例分析：《家园“难”沟通》

宸宸这个月就满 2 岁，刚入托班 1 个月。今天进餐时，陈老师鼓励宸宸自己进餐，宸宸在陈老师的鼓励下自己握着勺子开始进餐，看着宸宸试着独立进餐，陈老师高兴极了，于是拍了一段视频分享给宸宸的妈妈。宸宸妈妈看着宸宸不熟练地用着勺子，脸上、手上、衣服上都粘上饭菜，非常生气。第二天，宸宸妈妈找到园长投诉陈老师，原因是宸宸在家都是喂饭，根本不会使用勺子，吃饭慢吞吞地，饭菜都冷了，身上全是饭菜，而老师却拿着手机拍视频，也不帮助他。陈老师委屈极了，告诉宸宸妈妈，她想让宸宸自己尝试独立就餐。宸宸妈妈却说：“他还这么小，不应该这么早就独立。”陈老师拗不过宸宸妈妈，于是第二天开始请保育员给宸宸喂饭。

请思考：

1. 你觉得陈老师在与家长沟通的过程中有什么问题？

2. 如果你是陈老师，你会如何与宸宸妈妈进行沟通？

工作表单 4

家园沟通情况分析表（范例）

项目	内容
事件简介	亲子园里正在进行秋季运动会，胡老师根据运动会项目人数安排，结合孩子身体发展情况，给孩子们分了不同的项目。运动会结束后，胡老师将运动会照片分享至班级群。轩轩参加了 2 个项目，其中 1 个项目照片拍得不好，老师没有分享。轩轩妈妈针对运动会分组这事在班级群发表许多激烈的言辞，质问老师们为什么轩轩就参加 1 个项目，是因为轩轩能力不行，还是老师偏心、不喜欢他
原因分析	
具体措施	
效果反思	
深化工作	

学习支持

一、家长工作的内容、要求与形式

（一）家长工作的内容

1. 教师指导家庭教育的工作

指导家长科学育儿是托育机构开展家长工作的重要内容。因此，教师有必要对婴幼儿进行全面的了解和观察，判断他们当前的发展需求，以更好地指导家长为婴幼儿提供良好的家庭环境和个性化帮助。同时，教师还要了解家长的育儿情况，有目的地向家长宣传托育的相关政策、科学育儿理念，介绍适宜的婴幼儿玩具和书籍等，更重要的是针对不同婴幼儿的发展情况和家庭教养情况，提供有针对性的家庭育儿建议或服务。

教师指导家庭教育工作的要求如下。一方面，教师要基于家长及婴幼儿的需求提供有针对性的指导。在日常与家长和婴幼儿互动中，通过多种途径和方式去了解家长和婴幼儿的需求，有针对性地指导家庭的育儿工作，让家长认可和信服。另一方面，教师要因人而异地提供个性化的指导。在指导的过程中，教师要结合不同的家庭和婴幼儿的情况，提供个性化的指导与服务，且建议要具有针对性和可操作性。

2. 家长参与机构的评教工作

家长评教是促进托育机构质量提升的重要手段。托育机构会在一段课程结束后，通过问卷、访谈等形式邀请家长对托育机构的环境、管理与服务工作、保教工作等进行评价，并提出相关建议，促进机构提升其服务质量。评价结果通常分为“满意、较满意、一般、不满意”四个等级。

教师指导家长评教的要求如下。首先，邀请家长前，要介绍家长评教的背景，让家长意识到他们的监督与评价对机构管理和服务、保教工作及婴幼儿发展的重要性。其次，在访谈的过程中，要注意语言的引导，引导家长表述自己的真实想法，力求对机构服务质量的评价要公正、客观。最后，要做好评价结果的反馈交流。针对家长的评价和提出的问题，机构管理人员和保教人员善于总结与反思。同时，针对家长提出的合理问题，要进行反馈交流，及时整改，要采纳合理建议。

3. 家长参与机构管理工作

家庭是托育机构的重要合作伙伴，家长是宝贵的教育资源，托育机构的管理工作需要家长的参与和支持。随着文化水平的提高及对科学育儿的日益重视，家长也希望参与到托育机构的管理中来。为了满足家园共育的需求，托育机构要适当组织家长参与机构的管理工作。家长参与机构管理工作一般通过家长委员会、家长助教、家长志愿者等方式。

家长参与机构管理工作的要求如下。机构要做好准备、组织和统筹工作，事前准备要充分，让家长感受到机构对他们参与机构管理工作的重视，从而激发家长的热情和积极认真的态度。活动过程中，要告知家长工作内容、方法，及时指导或解疑，让家长顺利完成相关工作。活动结束时，教师要致谢，让家长感受到家园合作的愉快。最后，机构还要做好后续工作，让更多家长了解托育机构管理与服务的内容、意义，为更好地开展家园合作奠定基础。

（二）家长工作的形式

在明确了托育机构家长工作的内容和要求后，选择合适的家长工作形式就显得尤为重要。家长工作的形式大致可以分为两类：集体形式和个别形式。

1. 集体形式

（1）家长会。家长会是家长工作中比较常见的一种形式，根据婴幼儿年龄特点及学期主要教育目标，一般安排在每学期初或学期末进行。开学初由负责人介绍托育机构历史、办园目标、宗旨、课程、师资以及需要家园配合事宜，使家长进一步了解托育机构的教育侧重点以及家长应如何支持、配合托育机构的各项工作。后面由班组长主持召开家长会。根据家庭教育需求，以及托育机构保教需要，向家长汇报婴幼儿在园情况，争取家园配合，使工作更有效地开展。

（2）家长开放日。家长开放日是托育机构定期或不定期对婴幼儿家长开放、家长可以观摩或参与的教育活动。通过开放日活动，家长可以了解托育机构的教育理念、教育模式、内容与方法、保教水平以及孩子在园的真实表现，并增加家长和托育中心沟通的机会，从而更好地促进婴幼儿的全面健康发展。

（3）家长沙龙。家长沙龙为家长交流育儿心得提供了一个较为宽松的环境，家长可以根据讨论的话题畅所欲言。关于组织形式，可以由教师组织，也可以家长自发组织，人数不宜过多，定期举办，按照类型开展。家长沙龙有利于家长相互分享育儿经验，提升教育水平。

（4）亲子活动。教师根据保教工作安排，可以组织家长和孩子共同参与活动，活动形式可以是室内亲子活动，也可以是户外亲子活动。如共读一本书、共唱一首歌、共绘一幅画、共做一个游戏、共做亲子装等活动，增强亲子关系，密切家园关系。

（5）开展家长保教体验活动。托育机构根据工作安排组织家长以教师的身份亲自身参与托育机构保教活动，体验婴幼儿的一日生活，了解托育机构教育情况，使其能更好地监督和支持托育中心工作。另外，家长资源已作为一种重要的教育资源被引入婴幼儿教育，家长不同的职业背景、成功的育儿经验、鲜明的个性特征，是机构教育资源的重要组成部分。通过家长义工，教师也能从家长身上得到很大启示。

（6）家园联系栏。家园联系栏是教师向家长介绍托育机构教育活动和育儿知识的常见途径。它的主要内容有教育活动计划、主题活动、卫生保教、育儿知识等。其有利于家长更清楚地了解机构和班级目前开展的活动、一日教养活动安排等内容，并获得更多科学育儿、健康育儿的知识和方法。

（7）家长信箱。家长信箱是家长与机构、教师书面沟通的一种形式。家长既可通过家长信箱提建议、提问题，亦可写表扬信表达对机构、保教人员工作的满意。

（8）网络平台。信息化发展迅猛的今天，托育机构为家长提供了便捷、实用的网络信息交流平台，主要内容包括建立园所网站、班级博客、班级QQ

群、微信群等。家长们可以在网络平台交流育儿经验，分享所遇到的教育问题;借助互联网发表自己的观点和建议。机构也可以利用班级群来与家长交流，及时告诉家长相关的信息。

2. 个别形式

（1）家园联系册。家园联系册是家长和教师及时沟通的书面交流形式。联系册的主要内容是家园双方相互介绍婴幼儿在家、在园的一些表现，提出问题和解决策略，实现家园协同共育。

（2）家访。家访使教师可以主动深入地去了解婴幼儿家庭情况，获取婴幼儿习惯、个性等形成的原因。教师可以通过家访向家长告知婴幼儿在园的情况及出现的问题，让家长进一步地了解孩子，共同应对婴幼儿发展过程中的问题。通过家访，教师可以向家长宣传正确的教育观念和方法，同时也能从婴幼儿家庭教育中吸取好的教育经验。

（3）家长约谈。家长约谈是教师有计划、有目的地与家长进行交流。约谈可以是在婴幼儿来园和离园时与家长进行的短暂沟通交流，也可以是根据婴幼儿近期在园出现的问题与家长进行的约定交流。

二、教师与家长的关系定位与沟通

（一）教师与家长的关系定位

1. 教师与家长是合作者

家庭和托育机构的教育目的一致，其核心都是为了促进婴幼儿的健康成长。保教工作需求是教师和家长交往的关系起点，教师和家长的关系是以合作为基础展开，这决定了双方必须以婴幼儿健康成长为出发点，通过各种形式和途径合作，使托育机构教育与婴幼儿家庭教育有机结合，促进婴幼儿的健康成长。

2. 家长是教师的支持者

在托育机构的工作中，家长工作是重要的工作内容，托育机构很多的事项都需要家长的支持，如每天做好婴幼儿身体的健康监测、托育机构的保教活动开展、班级工作的组织等，只有家长尽力支持教师的工作，教师才能做好保教工作。

3. 教师是家长的指导者

加强对家长的指导是托育机构重要的工作内容。因而，教师应针对不同的家庭教养需求、不同的婴幼儿情况，在家庭教养理念、内容、方法和组织实施各方面，实施有效的指导。

（二）教师与家长沟通的原则[①]

1. 平等性与主导性相结合

平等性与主导性相结合的原则是指教师在与家长沟通时既要保证人格及社会地位的平等，还要在指导家长科学育儿和配合托育机构保教活动中发挥主导作用。教师在与家长沟通的过程中，要尊重所有家长，平等对待每一位家长，不能因为自己的专业地位和教师身份对家长傲慢无理。同时，教师要发挥自己的专业优势，在家庭育儿方面给予家长积极引领，帮助家长树立科学的教养理念，掌握科学育儿的方法，促进婴幼儿发展。

2. 经常性与及时性相结合

经常性与及时性相结合的原则是指教师要经常关注婴幼儿的发展状况，及时发现婴幼儿成长中的问题；注重与家长保持经常性沟通。此外，教师还要针对保教活动中个别婴幼儿的特殊事件与其家长进行及时沟通。同时，教师要注重沟通方法的灵活多样，在沟通的过程中去解决教育问题，达成教共识。

3. 专业性与情感性相结合的原则

专业性与情感性相结合的原则是指教师与家长的交流既要体现教师职业的专业性，又要体现情感性，做到以理服人、以情动人。教师在与家长的沟通中要站在对方的角度去交流婴幼儿的情况，沟通时要语气亲和、饱含情感，让家长感受到老师对孩子的关爱，同时交流要体现教师的专业性，让家长信服。

（三）教师与家长沟通的策略

1. 因人而异的沟通策略

第一是根据家长性别的不同，选择不同的沟通策略。调查发现：女性家长比男性家长更多地会主动和教师交流，而且也会耐心听取教师的意见，而男性家长则很少主动与教师沟通。对于男性家长来说，他们更多的是当孩子出现急需解决的问题时，希望从教师那里获得方法或者帮助。因此教师可以用简短的语言给予反馈，或者直接告诉他们明确的建议和可行的方法。在跟女性家长沟通时，可以共情地向家长慢慢反馈。

第二是根据家长年龄的不同，选择不同的沟通策略。祖辈家长比较喜欢关注孩子身体饮食等方面的情况，对于孩子有些娇惯，很少关注孩子其他方面的表现。而父母则更关注孩子的在园表现。所以在与祖辈家长沟通时，不仅要反映在园情况，还要用浅显的语言宣传托育机构全面发展的观念。

---

① 左志宏.幼儿园班级管理[M].上海：华东师范大学出版社，2015：160-162

第三是根据家长对孩子的期望值，选择不同的沟通策略。每个家长对于孩子的期望值是不一样的，针对期望过高的家长，教师要从客观全面发展的角度反映孩子情况，在措辞方面，要注意委婉，运用先扬后抑的方法让家长便于接受。对于期望值低的家长，要提出严格的要求，阐述发展下去的不良后果，以引起家长的重视。

第四是根据家长的受教育程度，选择不同的沟通策略。家长的文化程度不一样，教育理念可能会有一些差别。现在很多家长受教育程度越高，对于孩子的教育关注度越高。对于有一定文化程度的家长，我们要尊重，不卑不亢，这个是很重要的。对于受教育程度低的家长，其往往不太重视孩子的早期教育，教师要常去交流。

2. 因事而异的沟通策略

第一是以交流婴幼儿情况为主的沟通。以交流婴幼儿情况为主的沟通在托育机构所占的比例很大。在这种情况下沟通，教师最好用具体的语言进行描述，其次，要借助具体事件反映婴幼儿的表现。

第二是以不配合工作为主的沟通。教师要明确交代任务，语言言简意赅，尽量让家长理解工作的目的，使家长心里清楚，以便更好地做好配合工作。

第三是婴幼儿在托育机构出现事故的沟通。这种情况下，教师除了准确判断、及时送医处理外，还应安抚家长，做好沟通。

第四是家长因误解情绪过激时候的沟通。在工作中由于种种原因，会让有些家长产生误解，情绪过激。在这种情况下，教师一定要理智，控制好自己的情绪，不要急于辩解，要从家长疼爱孩子角度理解家长的心情，并从关爱孩子的角度谈论问题，做到沟通有理有节。

推荐阅读

（1）席小莉，刘震旗，诸芳．家园沟通的艺术 [M]. 福建：福建教育出版社，2012.

（2）何桂香．幼儿园家长工作指导 [M]. 北京：北京师范大学出版社，2012.

（3）赵福葵．陪伴是最美的教育——我们的家园共育故事 [M]. 北京：北京师范大学出版社，2021.

任务评价

（1）学习本节课的内容，你对托育机构家长工作是否有了更多的了解？

（2）请你对本次任务进行评价。

学习评价表

主题	内容	优秀	良好	一般	较差	很差
学习态度	能准时参加全部课程，按时提交作业，及时查阅教师上传的学习材料	5	4	3	2	1
专业知识	了解家长工作的定位、内容和形式，掌握与家长沟通的方法和技巧	5	4	3	2	1
研讨精神	积极参与讨论，对其他人的发言能提出合理的分析和见解	5	4	3	2	1
团队协作	能很好地融入课堂小组讨论，共同推进学习进程	5	4	3	2	1
沟通交流	能够清晰准确地表达自己的观点，与他人交流时态度语气恰当	5	4	3	2	1
人文素养	能够关注管理学人文知识，有意识地树立职业精神	5	4	3	2	1
信息素养	会检索常用的管理学专业文献数据库，主动阅读管理学文献	5	4	3	2	1
实践应用	能应用专业知识分析并解决托育机构家长工作的相关问题	5	4	3	2	1
自我小结						

任务二

参照"6S管理"，制定托育机构物品管理登记表

任务描述

托育机构的正常运行离不开一定物品的支撑。托育机构琐碎的物品管理事务也是机构管理工作重要的组成部分，它可以提升托育机构工作效率，为婴幼儿提供一个整洁、有序、安全的保教环境，还对培养婴幼儿良好的行为习惯具有重要的教育意义。

1. 分析案例，完成工作表单1。
2. 小组讨论，完成工作表单2。
3. 扫描二维码，观看视频，完成工作表单3。

工作表单

工作表单1

案例分析：《贝贝呕吐了》

午睡后，贝贝因个人身体原因发生了呕吐现象，现场瞬间一片狼藉。在其他小朋友的慌乱中，苏老师和蔡老师各司其职，一个安抚现场小朋友的情绪，一个通知保健医生。随后，苏老师快速地从3号柜第5格里找出所需工具箱，拿出一次性口罩和手套、专用毛巾，并取来拖把进行清洁。5分钟后，保健医生针对孩子情况进行了妥善处理，呕吐现场也已全部收拾妥当，班级工作正常进行，没有受到任何影响。

请思考：

1. 请评价苏老师和蔡老师的做法？如果是你，你会怎么做？

2. 当现场出现状况，为什么苏老师和蔡老师可以妥善处理？

工作表单 2

小组讨论

在遥远的日本江户时代，人们以捕鱼为生，在渔船上狭小的空间生活久了，往往习惯性地抛掉不需要的东西，以追求整洁的环境和较大的空间，这套生活管理哲学应用于今日，成为企业管理的5S，即整理（Seiri）、整顿（Seiton）、清扫（Seiso）、清洁（Seiketsu）、素养（Shitsuke），后来在5S的基础上增加了安全（Security）的范畴，才成为当今企业日常管理的“6S”。

“6S”管理自从在中国盛行之后，不仅走进了工厂生产车间，走进了企业办公室，如今，还走进了托育机构。托育机构实行物品“6S”管理，能够提高教师的工作效率及综合素质，实现标准化、规范化管理，将是托育机构未来的一种发展趋势。小组讨论：托育机构如何根据“6S”管理，设计物品“6S”管理检查表？

托育机构物品“6S”管理检查表

“6S”内容	“6S”要求	标准	得分
整理	将机构中的所有物品划分为必需品和非必需品，及时将非必需品处理掉		
整顿	对必需品进行分类、整理、标识、管理		
清扫	清扫干净，保持清洁的环境		

续表

“6S”内容	“6S”要求	标准	得分
清洁	“整理”“整顿”“清扫”的成果得到维持并标准化		
素养	形成制度，养成习惯		
安全	清除隐患，排除险情		

工作表单 3

案例分析

班级物品管理的视频

托育机构有一个整洁、有序、安全的环境，能为孩子提供愉悦的心情，同时，在管理物品的过程中，也蕴含了丰富的教育价值。扫码观看《班级物品管理》视频，思考托育机构中班级物品管理的措施，以及不同年龄段的婴幼儿物品适合选择什么样的标识。

措施	不同年龄段物品标识

学习支持

一、托育机构的物品管理

（一）托育机构物品管理的内涵

托育机构物品指的是除机构空间外的一切设备设施和所用之物。机构物品种类繁多，有钢琴、电视、电脑等教学用品，有桌椅、床、水杯、餐具、毛巾、饮水机、消毒柜等生活用品，有图书、游戏用品，有保洁用品，还有婴幼儿的日常衣物、玩具、奶瓶、尿布、书包等个人用品，等等。托育机构物品管理是指机构根据保教活动的目标，通过计划、组织、实施、调整等环节，将机构一切物品的放置进行规划、调整和优化，从而提高物品管理效率。对机构物品合理、规范、有序地管理，可为婴幼儿创设一个丰富、健康的生活和活动环境；可以提高物品的使用效率，避免浪费和无意义的损坏；还可以提高物品管理的效率，使物品更好地服务于机构一日托育活动。

（二）托育机构物品管理的措施

1. 建立物品管理制度，责任落实到人

托育机构要建立健全的物品管理制度。机构物品管理要精细化，每一学期做到专人负责整理、清点。机构物品管理涉及机构中的每一个成员，教师与保育老师应在尊重个人意愿的基础上，按照“谁使用、谁保管、谁负责”的分工原则，建立健全物品管理制度，负责人对物品要做好整理归纳，保管齐全，随时取用，并做好记录。虽然有一定的分工与要求，但在实际生活中，由于机构物品的使用在时间与空间上很难做严格的划分，所以机构全体人员一定要相互协作，共同负责，共同来管理机构物品。

2. 做好现有物品登记和变损管理，作为交接、检查的依据

学期初和学期末的时候对物品进行登记，建立《物品登记表》（如表 8.2.1 所示），并备有《物品变损清单》（如表 8.2.2 所示），随时记录、更新机构物品在日常保教活动中的使用及损坏情况，以便及时修理与补充，更好地为托育活动服务。表格的运用既便于机构对各个办公室、班级的物品进行统一记录和分析，同时也切实提高了物品管理效率。

表 8.2.1 物品登记表

班级：			日期：		
类别	物品名称	物品数量	型号	责任人	备注
弹跳类玩教具	单人蹦床	2 个	中号	李 ××	
	中型蹦床	2 个	小号	李 ××	
	羊角球	4 个（各）	小号、中号	李 ××	
综合类	万象组合	1 套	/	王 ××	
	彩虹伞	1 把	/	王 ××	
	小型海洋球	1 套	/	王 ××	

表 8.2.2 物品变损清单

班级：		日期：		
物品名称	物品数量	责任人	变损记载	备注
大龙球	1 个	李 ××	漏气破损	

3. 物品分类放置、摆放整齐，保持清洁、卫生

托育机构内玩教具、生活用品等种类繁多，为了提高工作效率，首先，大型物品要明确固定的位置，小型物品应按不同种类进行区分。对于使用频率较高的玩具和材料，制定一定的使用规则和管理办法，并坚持一致性和一贯性。其次，物品分类之后，摆放要整齐且位置要固定。工作人员每次使用完物品之后要及时放回原处，以便下次使用。另外，对于婴幼儿的生活用品以及玩具等要经常清洗和消毒，确保婴幼儿使用的物品干净、安全。对于机构内的设施、设备等，也要经常清扫、擦拭以保持干净，尤其对一些设施、设备内部等易忽略的地方更是要做到定期清洁。

4. 婴幼儿玩教具摆放的位置和高度适宜，便于取放

物品摆放的总体原则是便于婴幼儿开展活动，最大限度地把空间留给婴幼儿进行保教活动。为此，常用的一些玩教具。如俄罗斯套娃、堆叠塔、小推车、手工纸、橡皮泥、图书绘本等的摆放要照顾婴幼儿的身高，便于婴幼儿根据活动需要自主取放。切不可为了单纯的美观或一味的整齐，而忽视了婴幼儿的真实需要。

二、托育机构的财务管理

（一）托育机构财务管理的内涵

财务管理作为一种价值管理，包括筹资管理、成本管理等，是一项涉及理论知识面较广的经济管理活动。[①] 托育机构财务管理主要从内部和外部的管理来进行。内部包括规范财务岗责体系、强化财务制度建设、加强资产管理、做好相关数据资料的保存管理等。外部主要是加强备用金管理、加强经费预算管理、加强财务报销管理等，让每一笔资金的流动都能够查到流向。

（二）托育机构财务管理的措施

1. 制定托育机构财务管理制度体系

结合托育机构的实际情况，建立切实可行的财务管理制度和会计核算流程。一是托育机构负责人要对机构的财务工作全面负责，遵行勤俭办学的方针，按照保教活动和经济活动的客观规律，合理使用各项经费，专项专用，不断改善机构条件，提高资金的使用效率。二是托育机构财务管理人员要严格遵守和执行国家的财经法规、制度，制定托育机构的财务管理制度，对现金的管理，财产的审批，审批权限的分配，财务计划的制定和实施，资金的筹集和使用，预算的编制执行、监督和评价都要有明确而具体的规定。三是应用完善的单位内部控制制度约束财务行为，减少或避免各种违反财经纪律的问题发生，如建立财务处理程序制度，对薄弱环节和重要岗位加强控制，细化责任，做到制度管人、责任到人。四是不相容职务务必分开，分工明确，责任清楚，保证资金安全。五是建立资产清查制度，明确托育机构资产管理人员及其责任，及时对资产进行登记管理和定期核对，切实做到账账、账实相符，定时清查固定资产，根据机构要求有计划地购置各种保教设备，以防重复购置、浪费流失等现象。

2. 做好档案、资金管理

托育机构财务人员要做好档案管理，对于往年账单如银行对账、财务报表、凭证等资料要认真整理归档，年底的财务相关资料要按月编报，及时归档。此外，还应认真审核各项原始数据和资料，核算清楚各项费用明细，按照流程做好财务凭证工作，不遗漏任何工作细节。对于托育机构的走账及银行业务、库存和现金盘点工作，财务人员各司其职，严格按照相关文件规定，做好资金支出计划编制工作，拒绝大额资金现金支付，禁止没有合同或者发票的报账。

---

① 蒋英．关于幼儿园财务管理现存问题及建议分析 [J]. 现代经济信息，2017（12）：234

3. 强化经费预算管理

托育机构要科学编制预算。首先，负责人必须对预算工作的各方面给予高度的重视，本着“量入为出，统筹兼顾，收支平衡”的原则，科学制定经费预算。机构通过科学合理的预算，将全部收支纳入预算管理的范畴。机构应严格执行预算，不管任何时候都按照规章办事。其次，规范预算调整。机构进行专项工作需要预算之外的开支，必须通过书面材料详细说明上报，经机构管理层讨论同意后做出批复调整。最后要加强预算分析。机构对每季度预算执行进度进行考察分析并作出详细的书面报告。预算分析不仅要确保每个环节数据清晰准确，还要从横向和纵向多角度分析归纳总结规律，把握整体发展趋势，使机构财务管理有据可依。

4. 加强财务收支管理

机构应坚持经费支出原则，即没有在预算之内的，无特殊情况一律不能列支；手续不全、不符合政策文件规定的，不能列支；报账发票、合同等材料不合格的，一律不列支。机构还应把好经费收入关，各项收入必须透明且符合规定，严格审查各项收入来源，收入应该由财务人员进行计划开支。财务人员还应把好经费支出关，细化支出流程，明确审批环节，办好各项手续，由报账人向财务递交原始凭证，必须领导签字确认后方可转账。机构各项活动经费如培训费、会议费、交通费等开支幅度波动不能太大，原则上不能超过同期水平。

推荐阅读

（1）边丽娟．幼儿园6S管理[M]．北京：中国财富出版社有限公司，2020.

（2）赵海波．6S管理在幼儿园后勤管理中的运用[J]．课程教育研究，2018（5）：4-5.

任务评价

（1）学习本节课的内容，你对托育机构物品和财务管理是否有了更多的了解？

（2）请你对本次任务进行评价。

学习评价表

主题	内容	优秀	良好	一般	较差	很差
学习态度	能准时参加全部课程，按时提交作业，及时查阅教师上传的学习材料	5	4	3	2	1
专业知识	了解托育机构物品与财务管理的内涵，掌握管理的方法	5	4	3	2	1
研讨精神	积极参与讨论，对其他人的发言能提出合理的分析和见解	5	4	3	2	1
团队协作	能很好地融入课堂小组讨论，共同推进学习进程	5	4	3	2	1
沟通交流	能够清晰准确地表达自己的观点，与他人交流时态度语气恰当	5	4	3	2	1
人文素养	能够关注管理学人文知识，有意识地树立职业精神	5	4	3	2	1
信息素养	会检索常用的管理学专业文献数据库，主动阅读管理学文献	5	4	3	2	1
实践应用	能参照“6S”管理，制定托育机构物品管理检查表	5	4	3	2	1
自我小结						

任务三

通过实际操作，了解文案管理的基本内容及操作方式

任务描述

托育机构的文案管理是指运用广告文案等多种形式，对托育机构进行宣传推广。文案管理对于托育机构的对外宣传和发展具有重要作用，是托育机构与外部世界及市场交流的窗口。

1. 小组讨论，完成工作表单 1。
2. 合作探究，完成工作表单 2。
3. 分析交流，完成工作表单 3。

工作表单

工作表单 1

小组讨论

你认为文案管理包含哪些内容？

具体内容	主要特点	优势	不足

工作表单 2

合作探究

讲个故事就能上央视？嗯！榜单都出来啦！

请查看公众号“红黄蓝成长中心”于 2021 年 12 月 17 日推送的文章《讲个故事就能上央视？嗯！榜单都出来啦！》，小组合作探究，评价该文案。

公众号组部分	主要特点	优势	不足
标题			
文案			
图片			
排版			
……			

工作表单 3

根据现有经验，如果你要拍摄一个托育机构的宣传短视频，你会注意哪些要点？

制作要点	注意事项

学习支持

托育机构的文案管理

托育机构文案管理是管理工作中的重要组成部分，它是一个机构对外宣传的重要窗口，是宝贵的经验财富和重要的信息资源，是机构管理的关键环节，也是机构各项教育评估工作的重要依据。因此，文案管理是管理工作的重要环节，是机构高效、科学管理的重要保证。

现代社会中有关文案的定义，主要来源于广告行业，是“广告文案”的简称，多指以语词进行广告信息内容表现的形式，有广义和狭义之分。广义的广告文案包括标题、正文、口号的撰写和对广告形象的选择搭配；狭义的广告文案包括标题、正文和口号的撰写。

（一）文案管理的内容

文案管理，即对托育机构对外宣传文案的收集与管理。具体说来，主要包含以下几个方面。

1. 托育机构名称的确定

托育机构的名称能直接反映出这一机构的价值选择、教育理念，机构名称是社会了解本机构的最直接方式。因此，托育机构名称的确定尤为重要。

2. 托育机构对外宣传文案的选择

文案，即文字的撰写与润色。如何通过文案让托育机构的教学理念、课程特色更好地让人知道，使之加深认识，强化宣传作用，也是托育机构文案管理需要思考的重要问题。

3. 托育机构对外宣传图片及视频的选择

图片，凭借其丰富的色彩和多样的形式，成为大众接受度极高的宣传方式，而视频，作为新媒体时代下的新产物，更具有广泛的传播性。选择适宜、精美的图片，制作出吸引眼球的视频，也是文案管理工作不可或缺的部分。

4. 托育机构对外宣传方式的选择

众所周知，当前时代背景下，传播媒介丰富多样，传统宣传模式与新媒体背景下的新型宣传模式都大放异彩，具有各自的特色，如何根据实际情况合理选择对外宣传模式也是托育机构文案管理需要思考的内容。

（二）文案管理的措施

托育机构的文案管理是一个需要创意的工作，需要在平时留心观察机构内事项，还要多加吸取新的广告知识，将本机构已有资源运用丰富多样、新颖有创意的方式展现出来。

1. 托育机构名称选择

第一，名称简短精确。有许多机构起名注重寓意，用的字词大多与机构主体业务无关，对于机构来说意义不大。名称简短精确也能有足够的效果，因为面对众多的机构，人们没有太多的时间来记住和理解机构名称的含义，简单直白才能正中靶心。

第二，名称有区别性。有些机构的起名会借鉴同行业中有知名度的机构，在后期的时候容易混淆。机构起名可以在一开始就讲究独特新颖，最好能展现一个行业内从未出现过的风格。建立区别性，也容易塑造机构的品牌形象。

第三，名称符合行业。一个具有行业特色的机构名称，能够让顾客看到机构的业务熟练度和对行业的独到理解。正如内行人看门道，具有行业特色的名称能够体现专业性，精准地吸引有需求的顾客，同时在为新顾客介绍时，也能更好地加深其对机构的印象。托育机构取名应符合教育产业这一性质。

第四，名称好听好记。朗朗上口的机构名称能给消费者留下深刻印象。要避免不好发音，怪僻、拗口的字眼，尽量使用人们熟悉的、简单易读的词汇来命名。拗口的机构名称不仅让顾客难以记忆，也更难向他人复述和介绍，对机构的宣传和推广不利。

第五，遵守机构起名的法律法规。机构名称不得与登记机关已登记注册、核准的同行业机构名称相同；机构名称不得含有有损于国家、社会公共利益的内容和文字；机构名称不得含有可能对公众造成欺骗或者误解的内容和文字；机构名称不得含有政党名称、党政军机关名称、群团组织名称、社会组织名称及部队番号。

2. 托育机构对外宣传文案的选择

第一，吸引眼球的标题。一个优秀文案的诞生必定是从一个能吸引眼球的标题开始。优秀的标题就是简单、直接，能戳中目标人群的痛点（标题应当关注读者感受，从读者出发，取能吸引人、有特色的标题），可从以下角度思考。

独特性：独特性指的是描述新事物或采用全新的描述方式，从教育角度切入，采取逆向思维寻找标题。

实际益处：实际益处指的是文案所提供的实际的好处。比如：推送的文案为如何进行科学的家庭教育，就应为读者提供实际有效的途径与策略。

明确具体：明确具体指的是有具体指示或者量化的方式。比如：本学期托育机构共计开展了多少次活动，开展了多少次课程。

紧迫感：紧迫感指的是给读者一个立即采取行动的理由，希望标题能让读者感觉到名额有限。比如：名额仅限多少。

第二，让人看懂你的文案。标题为机构吸引顾客的关注，文案的内容则应阐述清楚机构的产品或服务能给顾客带来什么样的实际好处。一个能够让人看懂的文案，一定是按照看文案的人的逻辑走。所以文案创作者要做的第一件事，是站在顾客的角度想问题：用“你要做什么”“你能获得什么”代替“我们能提供什么”，让看的人觉得这是和自己有关、对自己有利的。下面四个点需要注意。

亲切性：作为托育机构，文案面对的群体更多是家长，因此语言应具有亲切性，让人读了倍感温暖，通俗易懂。

金字塔原则：文案的第一部分应针对标题进行重点陈述，否则就会失去焦点。

虚实结合：“虚”的部分写吸睛的概念，“实”的部分落实具体的好处。

具象原则：将描述具象化，落实到具体的数字或操作。优秀的文案一定是能让顾客清晰地知道自己能获得什么东西。

第三，使文案更具有说服力。文案的终极目的是什么？就是为了拉新、转化。优秀的文案不仅需要让顾客看懂，还需让顾客愿意购买产品，能为顾客提供解决问题的方案。一个能说服人的文案，一定能够明确告诉别人：我就是能给你想要的解决方案。一个优秀、高转化率的文案常常包括以下几点。

顾客评价：实打实的例子，让顾客相信通过你的产品能达到自己的目标。

信用背书：让顾客相信你的产品是被认证的，或是由业内权威人士负责的。比如：产品的荣誉、教师的背景。

风险保障：可否更改计划？可否退出？其他常见问题。比如：七天无理由退款。

终极呼唤：推顾客一把，让他们如你所想的那样进行下一步操作。

3. 托育机构对外宣传图片及视频图的选择

为什么要使用图片及视频作为对外宣传的内容？

第一，为了辅助表达，一张恰到好处的图片能够帮助机构准确表达观点、情绪、感情、思想等；第二，为了吸引眼球，增加顾客停留时间。

那么，宣传图片和视频如何选择？

第一，优先选择含人物形象的图片做主图，准确表达各种情感。第二，根据文章题目选择图片，关联度越高越好。题目信息会激发顾客的某种情绪，形成阅读预期，避免顾客注意力转移。据文章题目选图片的三个含义：表达对象要一致；表达情绪要一致；表达方式要直接。第三，要用现场感比较强的图片。新闻、热点类文章头图注重现场感，拉近与读者的心理距离，让其身临其境，代入感更强。第四，优先选择动态图片。动态图片呈现形式上更抓眼球，承载的信息比静态图片更多，静态图片展示一个行为的瞬间，而动态图片展示一个行为的短暂过程；动态图片的表达比静态图片更准确、更具体。第五，选择有爆点的图片。爆点：图片中有名人，图片中展现的场景非常难得，图片中展示的东西颠覆大众的常识性认知，图片非常有话题性、争议性，等等。第六，设计重复塑造品牌的固定图片。精心设计凸显品牌的图片，重复使用，形成固定形式，通过对顾客的视觉冲击强化品牌印象。第七，将品牌元素融入图片中，增强记忆。第八，当作推广位置利用。将公众号近期主推的活动、课程等内容做成图片，但是这样做很影响顾客体验。

4. 托育机构对外宣传方式的选择

托育机构宣传方式有很多，应结合自身行业、产品特性、受众用户、线上基础等分析、策划、布局。托育机构对外宣传方式主要有以下几种：

第一种，搜索引擎推广。这也是一种常见的推广方式，也深受很多大、中型企业的喜爱。搜索引擎推广也可分为两种。一种是 SEM，即搜索引擎营销；另一种是 SEO，即搜索引擎优化。

第二种，短视频推广。短视频推广最重要的是创意。制作符合品牌形象、加上创意的精细化短视频，投放到相应的网络平台，以达到产品营销和品牌传播的目的。

第三种，信息流广告。信息流广告，是穿插在各类媒体原生内容中的广告。它的特点是用户体验感好，算法定向精准，广告内容形式丰富。当然，要想达到好的效果，广告主就必须不断优化广告内容，让广告真正成为内容的一部分，让读者喜爱，从而实现二次传播。

第四种，品牌口碑营销。通过新闻媒体、自媒体等平台，结合品牌产品，输出有质量的内容，持续多维度、多渠道地投放传播，最终达到宣传品牌好口碑、提升品牌美誉度的作用。

任务评价

（1）学习完本节课，你是否对托育机构文案管理有了更多认识？如何综合运用不同种类的文案管理方式，达到托育机构对外宣传效果最优化？

（2）请你对本次任务进行评价。

学习评价表

主题	内容	优秀	良好	一般	较差	很差
学习态度	能准时参加全部课程，按时提交作业，及时查阅教师上传的学习材料	5	4	3	2	1
专业知识	了解托育机构文案管理的基本内容及操作方式，掌握托育机构文案管理的方法	5	4	3	2	1
研讨精神	积极参与讨论，对其他人的发言能提出合理的分析和见解	5	4	3	2	1
团队协作	能很好地融入课堂小组讨论，共同推进学习进程	5	4	3	2	1
沟通交流	能够清晰准确地表达自己的观点，与他人交流时态度语气恰当	5	4	3	2	1
人文素养	能够关注管理学人文知识，有意识地树立职业精神	5	4	3	2	1
信息素养	会检索常用的管理学专业文献数据库，主动阅读管理学文献	5	4	3	2	1
实践应用	能够结合所学内容及实际情况，为托育机构设计制作适宜的宣传文案	5	4	3	2	1
自我小结						

任务四

通过活动设计，加强对信息管理的认识

任务描述

信息管理是一个组织正常运行的必要保证，它详细记录了组织的成立及发展。托育机构作为 0 ～ 3 岁婴幼儿成长的重要环境之一，完善、科学、有序的信息管理显得尤为重要。

1. 扫码分析案例，小组讨论，完成工作表单 1。
2. 查阅资料，完成工作表单 2。

如何分享与编辑在线文档

工作表单

工作表单 1

扫码分析案例，结合实际生活经验，小组讨论：如何分享与编辑文档？

工作表单 2

请查阅资料，结合生活经验，设计一份婴幼儿成长记录册。

学习支持

托育机构的信息管理

托育机构信息是指关于托育机构内每位保教人员、每个婴幼儿及其家庭的相关信息，也包括托育机构内部活动的一些宣传性信息等，主要包括保教人员信息、婴幼儿信息、保教活动信息和保教日志等。托育机构信息管理主要是对托育机构内信息的收集、整理、归类及保存等。教师收集和整理机构信息的过程是对已实施的保教活动影响的反思，是对婴幼儿学习和发展情况的观察、总结和提炼的过程，有利于提高保教工作质量。同时，托育机构信息管理也为机构的保教质量评估提供了素材和依据。托育机构信息管理还为

机构积累了大量的历史资料，同时还密切了与家庭的联系。

（一）信息管理的内容

1. 婴幼儿信息

婴幼儿学籍档案。婴幼儿学籍档案的内容主要包括：婴幼儿的入园年月、基本情况，如婴幼儿姓名、性别、出生年月、年龄、住址、家庭成员以及家长联系方式等。学籍档案作为教师了解婴幼儿的第一手资料，应该尽量详尽地记录其整体情况，以保证真实有效地反映婴幼儿的成长状态。教师应该为每位婴幼儿准备一份学籍档案，且要根据具体情况不断地更新内容，保证信息的时效性。

婴幼儿成长档案。成长档案是对婴幼儿成长过程的记录，它集合了婴幼儿成长过程的各种物证，包括婴幼儿活动的照片、作品，教师评语甚至是一些有纪念意义的语音或视频材料等。其目的在于生动地反映婴幼儿的兴趣爱好、情感态度、发展与成就等。

婴幼儿保健信息。婴幼儿身体情况也是托育机构需了解的重点内容。婴幼儿年龄小、身体抵抗力差，保健信息的管理显得尤为重要。与婴幼儿相关的保健信息主要涉及以下两大类：（1）健康档案类：婴幼儿入园（所）健康检查表、预防接种证（查验后归还家长）。（2）登记类：晨午检及全日健康观察记录、在园（所）婴幼儿带药服药记录、婴幼儿出勤记录，以及膳食管理、卫生消毒、营养性疾病、常见病、传染病、伤害和健康教育等记录。

婴幼儿家长信息。家长信息是托育机构信息的重要组成部分，教师也应该有针对性地收集家长信息。家长信息主要包括家长姓名、工作、联系方式、特长以及家长的教育观念、家庭的教育氛围等。这些信息有助于教师更好地了解每个家长的教育方式，从而有针对性地指导家长；也有助于教师更好地了解来自不同家庭背景的婴幼儿，在教育中做到有的放矢。另外，教师在收集家长信息时应注意只收集与婴幼儿教育有关的信息，不过多打探家长隐私，并且不随意公开家长信息。

2. 托育机构保教信息管理

托育机构保教信息管理就是对机构保教活动中形成的具有参考和保存价值的信息的收集、记录和整理。例如，教研活动反思、保教活动教案、保教个案、亲子活动照片、机构活动照片等。教师可将这些信息通过家园联系栏、QQ 群、微信群、公众号进行推送，增进家长对机构工作的了解；教师还可将有推广价值的活动案例、保教反思形成经验，提供给托育机构进行存档、推广。

3. 保教日志管理

保教日志一般涉及班级、时间、带班教师、配班教师、保育员、婴幼儿出勤率、婴幼儿健康状况、当天的突发事件等基本信息记录。保教日志由当天的带班教师如实填写，并在交接班时对特殊情况进行交代。

（二）信息管理的措施

1. 通过各种途径全面、有效地收集信息

在当今这个信息化社会，教师一定要具备信息的采集和鉴别能力，既关注社会大环境，又善于利用托育机构内的各种资源，充分运用网络、专家、家长、同事等渠道，敏感捕捉各类有价值信息。比如通过专家讲座、网络学习、培训等机会了解国内外托育新思想、新经验、新做法，以及使用幼教网站或参考用书。机构应调动家长的积极性，通过家长了解婴幼儿的兴趣爱好、饮食、健康等多方面信息。

2. 做好托育机构信息管理计划

首先，教师要制定计划，确定一个学期信息管理的主要目标，然后制定每个月、每周甚至每天的具体计划，并将一些重大事件单独列出。另外，在学期末的时候，对整个学期的信息管理工作进行总结，完善下一阶段工作计划。

3. 明确分工，责任到人

机构中安排固定人员负责信息管理工作，通常情况下由带班教师负责。负责保教信息管理的教师要有责任心，细致、认真，在工作中做个有心人，凡是在保教活动中，能反映保教情况的、具有价值的照片、材料、文件都要纳入托育机构信息管理。

4. 分类整理、保存，方便查阅

信息既是托育机构档案材料的重要组成部分，又是保教活动的宝贵经验。托育机构应对收集到的信息进行整理、分类。保教人员根据信息的使用频率，利用标识、颜色等科学管理、放置信息资料，方便使用和查阅。

5. 保护隐私

由于教师收集到的婴幼儿和家长信息涉及家庭住址、婚姻状况、婴幼儿病史等个人隐私，因此教师要做好保密工作，不得泄露家长及婴幼儿相关信息，防止他人利用信息造成安全隐患。如果教师有其他使用目的，一定要第一时间明确地告知家长，并征得家长同意。

推荐阅读

小U和妈咪．因为一张表格，这位家长和班主任在群里争吵［OL］.2021，8.

任务评价

（1）通过本次课程的学习，你是否对托育机构的信息管理有了更深刻的认识？

（2）请你对本次任务进行评价。

学习评价表

主题	内容	优秀	良好	一般	较差	很差
学习态度	能准时参加全部课程，按时提交作业，及时查阅教师上传的学习材料	5	4	3	2	1
专业知识	了解托育机构信息管理的基本内容及操作方式，掌握托育机构信息管理的方法	5	4	3	2	1
研讨精神	积极参与讨论，对其他人的发言能提出合理的分析和见解	5	4	3	2	1
团队协作	能很好地融入课堂小组讨论，共同推进学习进程	5	4	3	2	1
沟通交流	能够清晰准确地表达自己的观点，与他人交流时态度语气恰当	5	4	3	2	1
人文素养	能够关注管理学人文知识，有意识地树立职业精神	5	4	3	2	1
信息素养	会检索常用的管理学专业文献数据库，主动阅读管理学文献	5	4	3	2	1
实践应用	能够结合所学内容及实际情况，全面地对托育机构内的信息进行收集、整理、归类及保存	5	4	3	2	1
自我小结						

参考文献

1. 本书编写组 .0—3 岁婴幼儿托育机构实用指南［M］. 南京：江苏凤凰教育出版社，2019.

2. 琳恩 · 默里 . 婴幼儿心理学［M］. 张安也，译 . 北京：北京科学技术出版社，2020.

3. 温泉 . 如何开家早教机构［M］. 北京：化学工业出版社，2016.

4. 马仁杰，王荣科，左雪梅，等 . 管理学原理［M］. 北京：人民邮电出版社，2013.

5. 菲利普 · 科特勒，凯文 · 莱恩 · 凯勒 . 营销管理（第 14 版）［M］. 王永贵，何佳讯，于洪彦，等，译 . 上海：格致出版社，上海人民出版社，2012.

6. 艾 · 里斯，杰 · 特劳特 . 广告攻心战略——品牌定位［M］. 刘毅志，译 . 北京：中国友谊出版公司，1991.

7. 金国壮，雷欣，邓靖秋 . 早教机构策划 · 运营 · 推广［M］. 北京：化学工业出版社，2020.

8. 杜黎 . 早教机构的营销策略研究——以昆山 XMY 儿童之家为例［D］. 苏州：苏州大学，2018.

9. 王丹凤 .TM 早教公司市场营销策略研究［D］. 广州：广东工业大学，2014.

10. 韩琛 .LAZJ 公司早教市场营销策略研究［D］. 淄博：山东理工大学，2016.

11. 黄杰，高瑾，宋占美 . 城市家长对托育服务的需求及期望——基于 3089 位家长的调查研究［J］. 陕西学前师范学院学报，2021，37（2）：1-11.

12. 洪秀敏，朱文婷，陶鑫萌 . 新时代托育服务的供需矛盾与对策——基于青年家庭获得感和需求的 Kano 模型分析［J］. 人口与社会，2019，35（6）：3-14

13. 郭玉良 .CIS 品牌策划与设计［M］. 北京：中国电力出版社，2015.

14. 高思齐 . 浅析国内外早期教育视觉形象设计案例分析［J］. 艺术科技，2016，29（11）：272.

15. 洪秀敏 . 婴幼儿托育服务机构设置标准的国际经验与启示［M］. 北京：北京师范大学出版社，2019.

16. 黄瑞峰 . 现代企业制度下农行组织结构的优化设计［J］. 农金纵横，2002（1）：16–19.

17. 崔诗琦 . 我国 3 岁以下婴幼儿早期教育教师职业标准体系研究［D］. 上海：华东师范大学，2020.

18. 朱超华 . 教师核心能力发展与教师管理模式变革的研究［D］. 广州：华南师范大学，2006.

19. 华诗涵，刘馨 . 婴幼儿托育服务机构从业人员队伍建设经验及启示——以上海市、南京市为例［J］. 幼儿教育（教育科学），2019（9）：13–18.

20. 凌倩雯，王欢，应一也 . 对上海市托育从业人员培训课程体系构建的思考［J］. 早期教育（教育教学），2020（2）：24–27.

21.Morrison，George S.Early Childhood Education Today［M］.New Jersey：Prentice Hall，Inc，2001.

22. 范文曜，谢维和 . 教育政策分析（2003）［M］. 徐瑞，杨启华，张燕，等，译 . 北京：教育科学出版社，2006.

23. 于代健 .1—3 岁婴幼儿托育课程适切性个案研究——以 G 省 A 托育中心为例［D］. 重庆：西南大学，2020.

24. 李琛，刑少颖 .0—3 岁早期教育课程目标体系的构建［J］. 山西教育，2013（12）：26–28.

25. 文颐 . 婴儿早期教育指导课程（0—3）［M］. 北京：北京师范大学出版社，2012.

26. 李慧 . 美国 0—3 岁婴幼儿托育课程模式评析——以“FunShine Online”（FSO）为例［J］. 教育探索，2019（4）：100–104.

27. 万钫 . 学前卫生学［M］. 北京：北京师范大学出版社，2012.

28. 何磊 . 未来托幼机构科学保教规范管理指南［M］. 北京：化学工业出版社，2019.

29. 王海燕 . 托幼机构管理［M］. 北京：清华大学出版社，2019.

30. 郭国庆，陈凯 . 市场营销学［M］. 北京：中国人民大学出版社，2019.

31. 王苑承，侯丽梅 . 央视公益广告文案的语言特征探析［J］. 应用写作，2018.（10）:21–24.

32. 冯咏薇 . 智能互联技术 +BOPPPS 模式下的广告专业教学模式研究——

以“广告文案”实训课为例［J］，传媒，2019（8）:79–82.

33. 林桂亭，林桂红 . 幼儿园档案管理存在的问题及对策［J］. 山东档案，2020（3）：41–43.

34. 时松 . 论幼儿园档案管理的四个基本问题［J］. 陕西学前师范学院学报，2014（5）：19–22.

35. 丽莲 · 凯茨，早期教育方案质量的多维视角［M］// 朱家雄 . 国际视野下的学前教育 . 上海：华东师范大学出版社，2009.